KB233144

여가연구의 사회 네트워크적 접근

여가연구의 사회 네트워크적 접근

송 영 민 저

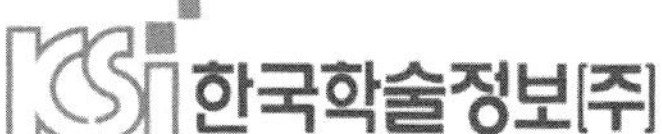

國文 要旨

여가는 인간 구성원들이 형성하는 사회의 특별한 의미현상이며, 여가의 의미는 사회적 상호관계로부터 일어난다고 할 수 있다. 하지만 지금까지의 여가연구 대부분은 개인의 경험에 초점을 맞춤으로써 사회적 맥락과 구조적 측면보다는 인지심리학적 측면에서 연구가 이루어져 왔다. 따라서 본 연구의 문제제기로는 첫째, 여가연구에서 사람 간 관계를 통해 형성되는 네트워크가 여가행위에 영향을 준다는 사실에 초점을 맞춘 연구는 미진한 상태이다. 즉, 기존 연구에서는 개인의 심리적 측면과 여가장소 참가자의 특징 등을 규명하는 연구가 주로 이루어졌기 때문에 개인의 일상적 관계를 통한 여가참여 과정을 설명할 수 있는 연구가 필요하다. 둘째, 기존 여가분야의 네트워크 연구에는 자아중심 네트워크 측정 방법이 주로 사용되고 있어 최근 사회학 분야 등에서 활발히 사용되고 있는 사회 네트워크 분석(Social Network Analysis: 이하 SNA)을 여가연구에 적용할 필요가 있다. 셋째, 행위자 특성과 대인 네트워크 구조의 관계를 잘 보여주는 SNA 결과를 바탕으로 기존 여가제약모형에서 내적 요인과 대인 요인과의 상호 관계성을 검토해 볼 필요가 있다.

본 연구의 목적은 일상생활에서 형성되는 개인의 대인 네트워크 구조가 여가행위에 어떤 영향을 미치는가를 규명함으로써 여가행위를 일상적 관계와 연결하여 고찰하는 데 있으며, 여가의 개념, 일상에서의 일과 여가; 분할과 통합, 여가제약연구에 대한 비판, 여가사회학에서의 해석과 구조적 접근, 여가 네트워크 형성에 대한 이론적 고찰, SNA(중심성과 파당분석)를 중심으로 이론적 고찰을 하였다.

본 연구에서는 세 가지 연구과제(research questions)를 제시하였는데 첫째, 대인 네트워크 구조에 따른 여가인식(분할, 통합)에는 차이가 있는가? 둘째, 중심성과 파당의 응집력이 Actor의 여가행위에 영향을 미치는가? 셋째, 여가행위에 있어서 내적 요인과 대인 요인은 서로 관계가 있는 것인가?이다.

본 연구의 결과는 첫째, 대인 관계를 통해 형성된 네트워크의 상위 구조에 위치한 Actor인 경우에는 여가행위를 일과 비슷한 것으로 인식하고 있는 반면에 중심성이 낮은 Actor인 경우에는 여가를 보통 휴식이나 기분전환으로 인식하고 있음을 알 수 있었다. 둘째, 대인 네트워크 구조는 Actor의 여가행위에 영향을 미치고 있었다. SNA 결과에서 중심성이 강한 Actor인 경우 네트워크로 연결된 Actor들과의 일상적 관계가 여가행위로 잘 연결되어 있음을 알 수 있다. 반면 중심성이 약한 Actor인 경우 일상 속에서 형성된 관계가 여가행위로 잘 연결되지 않음을 확인할 수 있었다. 파당에 따라서도 응집력이 여가행위에 큰 영향을 미친다는 사실을 알 수 있다. 즉, Actor 간에 파당으로 묶인 경우라고 해도 응집력에 따라 여가행위와의 연결이 다르게 조사되었다. 응집력이 강한 파당인 경우 여가행위와 매우 강한 관계를 보이고 있지만 응집력이 약할 경우 여가행위와 거의 연결이 되고 있지 않았다. 마지막으로 내적 요인과 대인 요인의 상호 관계성에 대한 논의에서 네트워크 분석과 심층인터뷰 결과 내적 요인과 대인 요인의 위계 측면에서 설명할 수 없는 사례(Actor 4의 예)가 발견되었다. 또한 Actor들에 대한 대인 네트워크 구조의 결과는 각 Actor의 내적 요인에 근거한 것이라고 할 수 있으며, 내적 요인과 대인 요인과의 연결은 다시 다양한 여가행위와 연결되어 있어서 이러한 일련의 과정은 내적 요인과 대인 요인이 매우 밀접한 관계가 있다는 사실을 보여준다.

본 연구는 일상적 대인 관계가 여가행위에 미치는 영향을 통해 여가 및 레크리에이션 장소에 참가한 방문객의 여가참여 과정에 대한 이해의 폭을 확대하였다는 측면에서 시사점을 제시할 수 있다. 사람들은 여가 및 레크리에이션 장소를 혼자보다는 다른 사람들과 함께 방문하는 경향이 강하며 따라서 일상적 관계에서 형성되는 대인 네트워크 구조를 통해 개인의 여가행위를 예측할 수 있다는 것이다.

본 연구의 기여도로서 첫째, 기존 여가연구에서 사용되지 않았던 SNA를 통해 여가행위를 관계 측면에서 접근하여 국내 여가연구에 새로운 방법론을 모색하였다. 둘째, 여가연구에 있어서 개인의 경험 측면을 중시해 온 기존 인지심리학적 측면에서 탈피하여 대인 네트워크라는 보다 거시적인 측면에서 여가의 의미를 해석하였다. 셋째, 본 연구결과는 개인의 확장된 사회적 관계 측면에서 여가공간이나 레크리에이션 장소에 참가한 한 무리의 사람들이 어떠한 일상적 관계를 통해 그 장소에 참가하게 되었는가에 대한 이해의 폭을 확대하였다.

핵심어: 여가행위, 사회 네트워크 분석(SNA), 중심성, 파당, 여가제약 및 촉진

Contents

I 서 론

1. 연구의 배경

인간 행위에 대한 사회적 이론화는 개인 행위와 행동뿐만 아니라 사회에 대한 개인의 관계를 파악하는 데 있다. 여가는 인간 구성원들이 형성하는 사회의 특별한 의미현상이며 여가의 의미는 사회적 상호 관계로부터 일어난다고 할 수 있다. 하지만 최근 여가연구는 대부분 개인의 경험에 초점을 맞춤으로써, 사회적 맥락과 구조적 측면에 대한 연구(Rojek, 2000: Kelly, 1999: Stokowski, 1994)보다는 심리학 측면에서 주로 연구(Hills, Argyle & Reeves, 2000: Driver & Bruns, 1999: Iso-Ahola, 1999: Mannell, 1999: Crawford, Jackson, & Godbey, 1991)가

이루어져 왔다. 여가연구에 있어서의 최근 주요 관심사는 동기와 만족 같은 여가 참여자의 특성과 여가편익(benefit of leisure) 그리고 여가제약(leisure constraints)에 관한 연구들이며 대부분의 연구들이 개인의 심리적 측면에 초점을 맞추었다고 할 수 있다. 하지만 개인의 여가행위에 대한 이해는 개인의 심리적 접근으로는 충분하지 않으며 개인을 둘러싸고 있는 일상적 관계가 여가행위에 영향을 줄 수 있다는 측면에서도 연구되어야 한다.

한편 여가참여를 설명하는 여가제약에 관한 연구들은 최근 한국 사회의 주5일 근무제와 더불어 개인의 여가참여를 제한하는 이론적 틀을 제시해 주었지만 제약모형에 대해 최근 여러 비판들이 제기되고 있다(이인재·이훈 2005: 송영민·이훈 2004: Raymore, 2002: Jackosn & Scott, 1999: Samdahl & Jekubovich, 1997). 특히 여가제약과정의 위계성과 더불어 제기되는 여가제약모형의 중요한 비판 중 한 가지는 여가행위를 개인적 패턴에 초점을 맞춤으로써 인간 행동에 있어서의 상호 연결성을 고려하지 못한 점이다(Jackson & Scott, 1999, p.313). 사실 여가제약모형에서 제시된 대인 제약은 대인과의 상호작용 또는 개인 간의 특성 사이의 관계의 결과(Crawford, Jackson & Godbey, 1991)로 측정되고 있는데 이러한 접근방식은 개인이 느끼는 인식이며 이는 개인의 의도, 노력, 해석에 의해 여가행위가 제약을 받는 행위자 중심의 관점이라고 할 수 있다. 따라서 여가제약에 대한 개인의 인지심리학적인 접근은 그것이 가지고 있는 여러 가지 장점들에도 불구하고 대인과의 관계 혹은 상호작용이 여가행위에 미치는 영향을 객관적으로 측정할 수 없다는 한계를 갖고 있다.

Stokowski(1994)는 그의 책 「*Leisure in Society*」에서 여가행위에 대한 대인 네트워크 측면을 강조하였다. 그는 가족이나 친구를 구성하는 일상적인 그룹 속에서의 상호작용은 여가연구에 있어서 중요하며 상호작용 관점에서 "개인이 지속적인 관계를 맺는 그룹 속에서 그룹 멤버들이 어떻게 여가에 대한 사회적 행동과 의도들을 촉진하거나 정당화하는가?"(p.16)라는 것은 여가행위에서 주요한 문제라고 지적하였다. 또한 그는 개인은 광범위하고 다양한 사회적 관계의 세계에서 살고 있는데 여가행위와 의미는 사람의 일상생활과 관련된 대인과의 관계 구조의 유형에 의해 제약을 받거나 촉진될 수 있다고 하였다. Stokowski(1994)의 이러한 주장은 개인의 여가행위는 일상생활에서 이루어지는 사람들과의 관계에 의해 영향을 받을 수 있는 것으로 여가행위에 있어서 개인의 인지뿐만 아니라 일상생활에서 개인이 형성한 대인 네트워크 구조가 행위자의 여가행위에 영향을 줄 수 있다는 점을 제시했다는 측면에서 의의가 있다고 할 수 있다.

Stokowski(1994)는 또한 여가연구에 있어서 여가사회학의 발전과정과 함께 사회 네트워크 분석(Social Network Analysis: 이하 SNA)에 대한 개념 및 여가연구의 적용방법에 대해 기술하였다. 하지만 분석방법론적 측면에서 주로 자아중심 네트워크 분석방법을 통해 여가행위에 대한 개인의 관계 유형을 파악하거나 상호작용의 특징을 분석함으로써 최근 사회학과 경영학 연구들(김우식, 2004: 김용학, 2003b: 김안나, 2003: 손동원, 2002; Wu, Huberman & Adamic, 2004: Lopez, Mendes & Sanjuan, 2002: Iacobucci, Henderson, Marcati & Chang, 1996: Haythornthwaite, 1996)에서 활발히 사용되고 있는 SNA의 여러 가지 개념과 분석방법들이 여가연구에 충분히 반영되지 못한 아쉬움이 있다고 할 수 있다. 따라서 앞으로 SNA를 통해 일상적 관계를 맺고 있는 집단을 과학적으로 분석하고 이러한 대인 네트워크 구조가 여가행위에 어떤 영향을 미치는가에 대해서 더욱 깊게 연구해 볼 필요가 있다.

　여가제약모형에 대한 또 하나의 문제제기는 일반적으로 대인 관계와 개인의 특성과는 많은 관계가 있다는 연구들(Montoya & Hortonb 2004; Van Kleef, De Dreu & Manstead, 2002; Kenny, 1996)이 제시되고 있음에도 불구하고 여가제약모형에서는 내적 요인과 대인 요인이 따로 분리되어 측정되고 있다는 것이다. 사실 여가제약의 실증적 연구에서 내적 요인과 대인 요인의 상관관계 분석결과 두 요인은 비교적 높은 상관관계를 보이고 있고(정란수·이훈·이인재 2005), 최근 Raymore(2002)가 제시한 여가참여의 생태적 모형(ecological model)에서도 대인 요인은 구조적 측면과 더불어 개인의 내적 부분이 따로 분리되어 있는 것이 아니라 서로 연결되어 있다는 측면을 제시하고 있어 내적 요인과 대인 요인의 상호 관련성에 대한 논의가 앞으로 진행될 필요가 있다. 이러한 측면에서 SNA는 한 개인의 특성을 대인간의 관계 구조와 연결하여 분석할 수 있는 좋은 방법(손동원, 2002)으로 여가행위에서의 내적 요인과 대인 요인에 대한 관계성을 검토해 볼 수 있는 유용한 분석방법이라고 판단된다.

　본 연구의 문제제기를 정리해 보면 첫째, 여가연구에서 사람 간 관계를 통해 형성되는 네트워크가 여가행위에 영향을 준다는 사실에 초점을 맞춘 연구는 미진한 상태이다. 즉, 기존 연구에서는 개인의 심리적 측면과 여가장소 참가자의 특징 등을 규명하는 연구가 주로 이루어져서 개인의 일상적 관계를 통한 여가참여 과정을 설명할 수 있는 연구가 필요하다. 둘째, 기존 여가분야의 네트워크 연구에는 자아중심 네트워크 측정 방법이 주로 사용되고 있어 최근 사회학 분야 등에서 활발히 사용되고 있는 사회 네트워크 분석(SNA)을 여가연구에 적용할 필요가 있다. 셋째, 행위자의 특성과 대인 네트워크 구조의 관계를 잘 보여주는 SNA 결과를 바탕으로 기존 여가제약모형에서 내적 요인과 대인 요인과의 상호 관계성을 검토해 볼 필요가 있다.

2. 연구목적

본 연구의 목적은 일상생활에서 형성되는 개인의 대인 네트워크 구조가 여가행위에 어떤 영향을 미치는가를 규명하는 데 있다. 세부목적으로 첫째, 기존 여가 네트워크 연구에서 제기된 자아중심적 네트워크 분석의 문제점을 보완하고 최근 사회학에서 활발히 사용되고 있는 SNA를 통해 일상생활에서 형성된 관계 패턴을 과학적으로 분석한다. 둘째, SNA의 결과를 바탕으로 심층인터뷰를 통해 개인의 네트워크와 여가행위와의 관련성을 규명한다. 셋째, 대인 네트워크 구조와 여가행위와의 관련성을 바탕으로 여가제약모형에서의 내적 요인과 대인 요인의 관계성에 대해 논의한다. 이러한 세부목적을 통해 일상적 관계를 통한 개인의 여가참여 과정에 대한 이론적 틀을 제시하는 것이 본 연구의 궁극적인 목적이다.

3. 연구의 기여도

첫째, 본 연구는 기존 여가연구에서 사용되지 않았던 SNA를 통해 여가행위를 관계 측면에서 해석하여 국내 여가연구에 새로운 방법론을 모색하고자 하였다. 둘째, 여가연구에 있어서 개인의 경험 측면을 중시해 온 기존 여가심리학적 측면에서 탈피하여 대인 네트워크라는 보다 거시적인 측면에서 여가의 의미를 해석하려고 하였다. 셋째, 본 연구결과는 개인이나 가족과 같은 주요 그룹에서 확장된 사회적 관계 측면에서 여가공간이나 레크리에이션 장소에 참가한 한 무리의 사람들이 어떠한 일상적 관계를 통해 그 장소에 참가하게 되었는가에 대한 이해의 폭 확대라는 측면에서 유용한 이론적 틀을 제시할 수 있다.

4. 연구구성 및 진행과정

　본 연구의 구성은 크게 서론, 여가와 SNA를 중심으로 한 이론적 고찰, 연구분석의 틀, 분석결과, 연구과제(research questions) 논의 그리고 결론의 순서로 되어 있다(<그림 1> 참조).

　제1장 서론에서는 문제제기, 연구의 목적, 연구의 기여도, 연구구성 및 진행과정을 서술한다. 제2장 이론적 고찰에서는 먼저 여가의 개념을 고찰해 보고 일상생활에서 여가의 의미를 분할과 통합 관점에서 논의한다. 그리고 여가제약연구에 대한 비판을 Raymore(2002)가 제시한 여가촉진 개념과 내적 요인과 대인 요인의 상호 관계성을 중심으로 고찰한다. 또한 여가사회학의 해석과 구조적 측면에서의 접근에 대해 서술한다. SNA에 대한 이론적 고찰에서는 먼저 여가 측면에서 네트워크 형성과정을 선행연구를 통해 고찰한다. 그리고 최근 사회 네트워크 연

구경향에 대해 논의하고 SNA를 중심성과 파당분석을 중심으로 서술해 나간다. 제3장에서는 연구분석의 틀을 제시한다. 먼저 현상학 측면에서 본 연구의 의미를 고찰해 보고, 네트워크 분석 연구대상 선정에 대해서 서술하며, 네트워크 분석의 개념적 흐름도(conceptual framework)를 제시한다. 또한 연구조사 실시 및 인터뷰의 틀을 제시하고, 세 가지 연구과제, 즉 네트워크 구조와 여가인식(분할, 통합), 중심성과 파당이 여가행위에 미치는 영향, 그리고 내적 요인과 대인 요인의 상호 관련성에 대한 문제를 제시한다. 제4장 분석결과에서는 먼저 연구대상의 여가행위에 대한 빈도분석 결과를 제시하고 중심성과 파당에 대한 네트워크 분석결과를 제시한다. 이러한 네트워크 결과를 바탕으로 한 질적 면접결과를 네트워크 구조와 여가인식, 중심성과 파당의 응집력이 여가행위에 미치는 영향 측면으로 나누어 제시한다. 제5장에서는 위에서 제시된 연구과제에 대한 논의를 하고 제6장에서는 본 연구의 결론을 제시한다. 이러한 일련의 과정을 <그림 1>에서 도식화하였다.

〈그림 1〉 본 연구의 전개과정

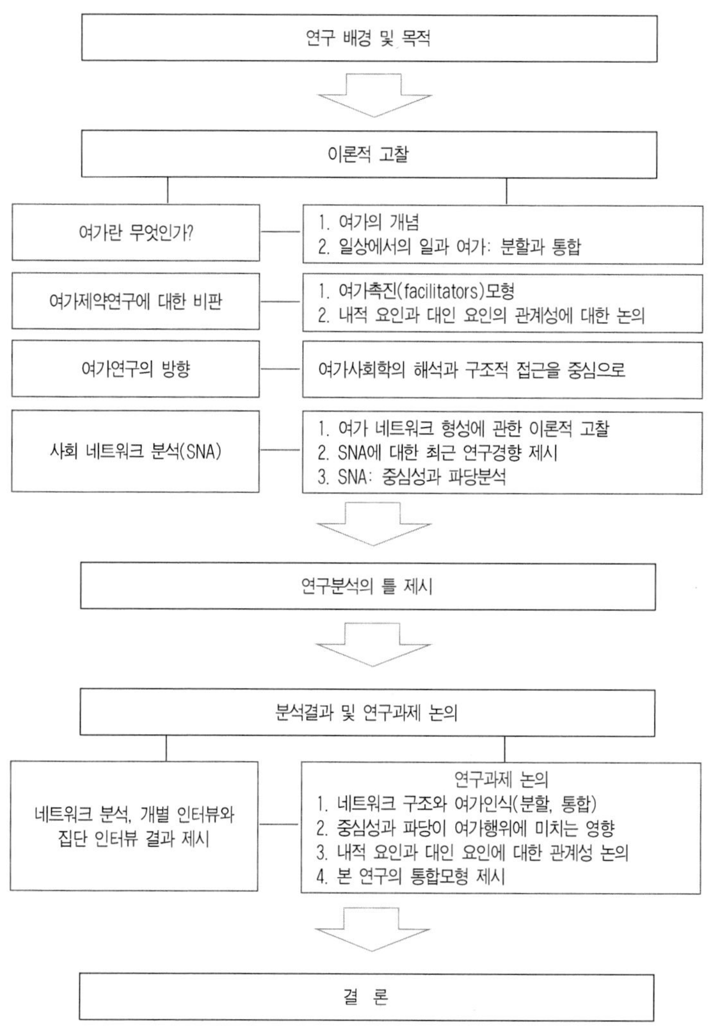

Ⅱ 이론적 고찰

이론적 고찰

1. 여가의 개념

여가의 개념은 주로 시간, 활동, 그리고 마음의 상태로 나뉘어 설명되고 있다(손대현, 2000; 최창호, 2000; Kelly & Freysinger, 2004). 여가를 시간의 개념으로 보는 관점은 생활의 필수적인 활동에 종사한 이후의 남는 자유시간을 말한다. 여가가 일에 대해 상대적으로 남는 시간이라는 인식에 대해서 Rybczynski(1991)와 Roberts & Chambers(1985)는 시간 사용을 인위적으로 배분한 문화 구조의 영향이 강하다고 주장하였다. 즉, 주말·휴일·휴가와 같이 일과 여가에 대한 시간을 따로 분리시킨 사회구조에 원인이 있다는 것이다.

활동으로서의 여가 개념은 여가를 휴식, 기분전환, 지식의 확대 등을 위한 활동으로 본다. 활동으로서 여가에 대한 정의의 가장 큰 장점은 여가를 유형화할 수 있고 계량화할 수 있다는 것이지만 반대로 <표 1>에서 제시된 여가활동 외에 다른 활동을 측정하지 못하는 단점 또한 갖고 있다.

심리적 측면에서의 여가의 정의는 즐거움이나 행복과 같은 개인의 마음 상태에 초점을 맞춘다. Iso-Ahola(1999)는 여가의 가치는 활동빈도에 의해서 결정되는 것이 아니라 여가의 의미, 태도, 질, 마음의 상태로 결정된다고 주장하였다. 특히 Pieper(1998)와 같은 학자는 "여가는 적극적으로 간섭하는 사람들의 마음자세가 아니라 모든 것을 개방하고 있는 사람들의 마음자세이고 단단히 움켜쥐고 있는 사람들의 마음자세가 아니라 고삐를 늦추고 자신들을 여유 있게 하는 사람들의 마음자세이며 심지어 그것은 거의 잠에 빠져 있는 사람과 같은 것으로 여가를 즐기고 있는 사람은 잠을 자고 있는 사람과 같다(p.41)"라고까지 하였다.

〈표 1〉 여가유형 분류

항 목	①	②	③	④	⑤	⑥	⑦	⑧	⑨	⑩	⑪	⑫	⑬
TV시청, 라디오청취를 한다	●	●	●	●	●	●	●	●	●	●	●	●	●
잡지와 신문을 본다	●			●	●	●			●	●		●	
친구와 대화를 나눈다				●					●		●		
노래방에 가서 노래를 부른다							●	●				●	
CD, MP3 등으로 음악감상을 한다			●	●	●		●	●	●	●	●	●	
컴퓨터(비디오) 게임을 한다							●	●		●		●	
인터넷 서핑, 채팅, 커뮤니티 활동을 한다												●	●

항 목	①	②	③	④	⑤	⑥	⑦	⑧	⑨	⑩	⑪	⑫	⑬
집에서 쉬거나 휴식을 취한다						●	●			●		●	●
친구 및 친지를 방문한다	●		●	●		●	●		●	●	●		
동호회, 동창회 모임에 나간다		●	●	●		●			●		●	●	●
쇼핑을 한다		●		●	●	●			●		●	●	
영화 및 연극을 관람한다	●	●	●	●	●	●	●	●	●	●			●
우표 등 각종 수집활동을 한다	●			●	●			●	●		●		
데이트 및 교제활동을 한다	●			●	●		●			●	●		
놀이터 및 공원을 방문한다				●	●					●			
산보, 산책을 한다			●	●							●	●	
장기, 바둑을 둔다								●	●		●		
가족(부모님, 형제)과 서로 대화를 나눈다						●				●			
가족과 외식을 한다		●		●			●			●	●	●	
박물관, 미술관, 전시회를 방문한다	●		●	●	●	●	●	●	●		●	●	●
관광(1박 이상의 숙박)을 한다	●		●		●	●	●			●	●		●
경기장에 가서 스포츠 관람을 한다(프로야구, 농구 등)		●	●	●		●				●	●	●	
각종 스포츠활동을 한다	●	●	●	●	●	●	●	●	●	●	●	●	●
독서를 한다		●	●	●	●	●	●	●	●	●	●	●	
등산, 피크닉 등의 당일여행을 간다	●	●	●	●	●		●			●	●	●	●
자원봉사활동을 한다				●	●	●		●		●	●		●
창작, 예술, 공작활동을 한다	●	●	●	●		●	●			●		●	●
축제와 이벤트 등의 문화관광행사에 참여한다	●			●								●	
낮잠을 잔다								●				●	●
운동, 헬스, 댄스 등의 건강활동을 한다	●			●						●			

주1) 자료출처: 이훈·정철·정란수(2003) p.71에서 인용[1]

주2) ① Ragheb(1980) ② Yu(1980) ③ Allen & Buchanan(1982) ④ Snepenger & Neil(1982) ⑤ 이훈(1991) ⑥ 홍성희·문숙재(1991) ⑦ 안종수(1995) ⑧ 임번장·정영린(1995) ⑨ 김정근(1998) ⑩ Hills, Argyle & Reeves(2000) ⑪ 김도희·손대현(2000) ⑫ 김규원(2001) ⑬ 통계청(2001)

　그럼 한국 사회에서 여가라는 말은 어떻게 사용되고 있는가? 아직 한국 사회에서는 ‘여가’와 ‘레저’라는 말이 혼용되어 사용되고 있다. 즉 영어로서의 원어를 그대로 사용한 ‘레저(leisure)’와 한자어인 ‘여가(餘暇)’라는 용어사용에 대해 혼란을 보이고 있는 것이 사실이다. 특히 손대현(2000)은 ‘여가(餘暇)’는 일본식 한자어를 무비판적으로 수용한 것이고 또한 여가의 의미가 ‘시간’에 대한 것으로 너무 치우쳐 있어서 실제 레저(leisure)의 내재적 만족, 자기실현, 자유재량 시간의 개념을 포함하지 못한다고 지적하였다. 이는 수동적 측면에서 여가가 단지 남는 시간으로만 해석될 수 있다는 측면에서 매우 적절한 지적이라고 할 수 있다. 하지만 ‘레저(leisure)’라는 용어 또한 정신적 측면을 포함하지 못하고 활동 측면이 강한 개념으로 인식되고 있다. 최근 주40시간 근무제로 인한 사회의 변화를 설명하는 각 언론에서 사용하는 여가와 레저의 쓰임을 살펴보면 분명 우리 사회에서는 여가와 레저가 상이한 개념으로 사용되고 있음을 알 수 있다. 다음 장에서 제시되는 <표 2>는 2005년 주40시간 근무제와 관련한 각 언론사의 보도 내용을 발췌한 것이다. <표 2>의 내용 중 1)의 중앙일보 보도를 보면 ‘레저생활’의 의미가 분명하지 않다. 레저가 여가의 의미라면 여행을 포함한 보다 큰 개념이기 때문이다. 2)의 동아일보의 보도를 보면 여가와 레저라는 말이 동시에 쓰이고 있다. 내용을 보면 여가활동의 종류로서 레저가 포함되어 있다는 사실을 알 수 있다. 3)의 문화일보의 경우에도 ‘레저활동’의 의미가 분명하지 않으며 외식과 동등한 활동이라는 것을 예측할 수 있다. 또한 4)의 KBS 뉴스 보도에서는 ‘관광 여행과 레저가 여가의 중심으로 떠올랐다.’라는 표현을 통해 레저가 여

---

1) 몇 개의 항목을 본 연구대상에 적합하도록 삭제, 수정하여 제시하였다.

가의 한 영역으로 사용되고 있음을 알 수 있다.

〈표 2〉 주5일 근무제 관련 언론보도 내용 1

1) 더욱이 2005년 3월부터는 전국의 초·중·고등학생을 대상으로 한 '주5일 수업제'(월1회)가 실시될 예정이어서 **가족 중심의 여행이나 레저 생활**이 지금보다 더욱 확대될 전망이다(중앙일보 2005년 1월 28일 주5일 근무제 관련 보도 내용 중에서).

2) 하지만 주말 **여가활동과 자기계발이 늘면서 학원과 레저**, 여행, 문화·취미 등 주5일 근무 관련 업종의 매출은 34.6∼67.0% 증가했다(동아일보 2005년 6월 25일 주5일 근무제 관련 보도 내용 중에서).

3) 48시간의 휴가를 선용할 경우 스트레스에 찌든 직장인의 정신과 육체를 건강하게 만들고, 가족의 행복을 증진시키는 등 삶의 질을 한 단계 높여주는 계기가 될 수 있다. 동시에 레저활동과 **외식 등**이 자연스럽게 확대되면서 주말비용이 늘어나지만 노동시간의 단축으로 수입은 오히려 감소될 수 있다(문화일보 2005년 6월 25일 주5일 근무제 관련 보도 내용 중에서).

4) 국가균형발전위원회가 작년 발표한 '주5일 근무제에 따른 **여가활동 실태조사'**에 따르면 주5일제 도입 전에는 '자택서 휴식'(57.7%)이 **여가활동의 중심**이었지만 주5일제가 도입된 뒤 **관광여행(23.1%)과 레저(17.1%)가 여가의 중심으로 떠올랐다**(KBS 뉴스 2005년 7월 1일 주5일 근무제 관련 보도 내용 중에서).

다음 보도 내용을 보면 레저에 대한 의미가 분명해진다. <표 3>에서 5)의 중앙일보와 6)의 KBS 뉴스 네트워크 그리고 7)의 KBS 뉴스 내용을 보면 레저의 의미가 이미 등산과 인라인 그리고 래프팅과 같은 특정 스포츠를 지칭하는 말로 사용되고 있음을 알 수 있다. 따라서 언론에서 사용된 여가와 레저의 사회적 의미는 분명히 다르다고 할 수 있다. 정리하면 한 단락 속에서도 여가와 레저가 동시에 사용되고 있고 레저는 스포츠와 같은 특정영역을 나타내는 말로 쓰이며 여가보다는 하위개념이라고 할 수 있다.

〈표 3〉 주5일 근무제 관련 언론보도 내용 2

5) 강원도 동강과 한탄강에서 래프팅 캠프를 운영하는 한 업체의 대표는 주5일제 실시로 늘어나는 **레저 수요**를 충족시키기에는 우리나라의 인프라가 아직 취약하다고 말한다. 한국관광연구원은 우리나라 국민의 국내 관광 수요가 2001년 연인원 3억 2792만 명에서 주5일제가 도입된 지난해 5억 743만 명으로 늘었고, 2008년에는 5억 3687만 명으로 증가할 것으로 내다봤다. **여가 수요에** 맞춰 인프라와 서비스가 확대되지 않자 여유가 있는 계층은 해외로 나가고 있다. 해외관광은 지난해 전년에 비해 24.5% 늘었고……(중앙일보 2005년 1월 18일 주5일 근무제 관련 보도 내용 중에서)

6) 얼마 전까지만 해도 남성정장 중심으로 의류매장을 꾸몄던 백화점들이 최근 남성정장매장은 줄이고 **레저 스포츠 매장**을 대폭 늘렸습니다(KBS 뉴스 네트워크 2005년 6월 30일 주5일 근무제 관련 보도 내용 중에서).

7) **등산과 인라인스케이트 등 주말 레저 인구도** 늘면서 백화점의 관련 상품 매출도 15% 늘었습니다(KBS 뉴스 2005년 6월 28일 주5일 근무제 관련 보도 내용 중에서).

　　학계에서 사용되는 일반적인 레저의 의미는 분명 특정 스포츠만을 지칭하는 말이 아닐 것이다. 하지만 이러한 언론보도를 통해 학계가 아닌 보통 일반인이 레저라는 말을 접했을 때는 특정 스포츠 영역으로 이해할 가능성이 크다. 영어로서 레저(leisure)의 의미는 시간, 활동 그리고 경험의 세 가지 의미를 지니고 있다고 할 수 있는데 특히 '의무나 강제된 노동'으로부터 자유로움을 의미하고, 시간과 활동을 포함한 상태를 의미하며 여유가 전제된 용어라고 할 수 있다. 하지만 현실에서는 분명히 레저라는 용어가 특정 스포츠 영역을 표현하는 용어로 사용되고 있어 레저라는 말을 그대로 본 연구에서 사용하기에는 무리가 있는 것으로 보인다. 따라서 본 연구에서는 여가라는 용어를 사용하기로 한다. 다만 본 연구에서 사용되는 여가라는 말이 단지 시간적 의미로서 남는다는 餘暇의 의미가 아니라 활동과 심리적 측면을 포함한 넓은 개념인 레저(leisure)의 의미라는 것을 밝혀두고자 한다.

2. 일상에서의 일과 여가: 분할과 통합

인간의 삶 속에서 일과 여가의 관계에 대한 이해는 오랫동안 사회과학자의 과제였으며 그만큼 다양한 주장을 해 왔던 것이 사실이다 (Mannell & Reid, 1999). 일반적으로 일과 여가는 서로 반대되는 개념으로 사용되는데(Wilson, 1980), 일은 삶을 위해 꼭 해야만 하는 필수적인 것이어서 제약적 성격이 강한 반면 여가는 일에서 벗어난 제약이 없는 자유로 생각되기 때문이다. 이러한 일과 여가에 대한 분할 인식은 주로 필수적인 노동에 대한 휴식 측면에서 여가의 역할 측면을 강조한 면이 강하다고 할 수 있다.

Goodale & Godbey(1988)가 쓴 책 「*The Evolution of Leisure*」를 보면 이런 여가와 일에 대한 분리된 인식은 오랜 역사의 산물이란 것을 알 수 있다. 특히 산업혁명은 생산과 소비뿐만 아니라 일과 여가를 더욱 극단적으로 분할하는 결과를 가져왔다고 하였으며 대부분의 노동자들에게 있어서 일은 여가에 대한 제약이라는 인식을 갖게 해 준 결정적인 원인이라고 지적하였다. 또한 Goodale & Godbey (1988)는 "과연 여가의 의미를 일상생활에서의 직업과 다른 의무로부터 구분하는 것이 바람직한가 아니면 나머지 생활과의 통합적인 관점에서 바라보아야 하는 것이 바람직한가?"라는 물음을 던지면서 일과 여가에 대한 분할인식은 다분히 일–레크리에이션–일의 모델(work-recreation-work model)이라는 사회 제도적 측면이 강한 것으로 궁극적인 일과 여가의 통합 관계는 아마도 먼 훗날에 있을 수도 있는 일이라고 서술하기도 하였다(p.201).

여가의 정신적 측면을 강조한 Pieper(1998)의 책 「*Leisure: The Basis of Culture*」에서 그는 여가를 정신적, 영적 자세라고 했으며 그것은 단순한 외적 요소의 결과 즉 여가 시간, 휴일, 주말이나 휴가로 분리된 정신적 자세가 아니라 항상 여유(旅遊)를 갖고 있는 통합적인 정신세계라고 주장하기도 하였다(p.40). Parker(1995)는 일과 여가와의 관계를 이해하기 위해 세 가지 접근방법을 제시하였는데 첫째는 확장유형(extension pattern)으로 개인들의 삶에 있어서 일과 여가가 내용적으로 유사한 상황을 말하며 이 경우 일과 여가 사이에 명확하게 구별되는 경계가 추출될 수는 없다. 둘째, 대립유형(opposition pattern)으로 일과 여가가 대립되어 있는 상황을 기술한 것이며 이 경우 일과 여가의 경계는 분명하다. 마지막으로 중립유형(neutrality pattern)하에서 일과 여가는 구분되기는 하지만 대립되지는 않는다. 여가와 일 사이에는 부분적으로 수렴하는 영역이 존재할 수도 있다(Parker, 1995). <표 4>는 일과 여가의 통합과 단절에 대한 특징을 표로 정리해 놓은 것이다.

〈표 4〉 일과 여가와의 관계

사 조	일반적 견해	개인차원의 관계양식	사회차원의 관계양식
통합(holism)	동 일	동종, 비구별, 유사	융합, 통합
단절(segmentation)	비 교	이종, 대립	대립, 분극화
	구 별	구별, 비대립	단절, 분화

인용: 김성혁(1998) 「현대사회와 여가」 p.242에서 인용

일과 여가의 관계에 대해 다시 Parker(1995)의 말을 인용해 보면 의무로부터 자유로워진 시간이 늘 여가로 받아들여지는 것은 아니며, 유사 여가경험들이 노동시간 혹은 자유시간 외의 다른 시간대에서도 이루어질 수 있다고 하였다. Parker(1995)의 이러한 견해는 일에서의 긍정적인 경험이 여가의 형태로 나타날 수 있다는 사실을 말한다.

위의 내용을 정리해 보면 일과 여가의 분할과 통합에 대한 논의가 몇몇 학자들에 의해 제시되고 있지만, 일과 여가의 분할과 통합은 개인의 인식 측면이 강하며 서로 간의 일반적인 뚜렷한 경계선을 찾는 것은 어려울 것으로 보인다. 본 연구에서는 여가행위를 대인 관계 측면에서 고찰하는 것이 주요한 목적이므로, 개인의 대인 관계와 일과 여가에 대한 인식과의 관련성을 논의하고자 한다. 즉, 한 집단에서 다양한 대인 네트워크 구조를 가진 각각의 개인에 따라 과연 여가를 일과 같은 것으로 보고 있는지 아니면 분리된 것으로 인식하고 있는지에 대해서 살펴보고자 한다.

3. 여가제약(Leisure constraints) 연구에 대한 비판

　여가참여의 제약요인을 규명하는 여가제약연구는 일상적 여가활동이 형성되는 요인들에 대한 이해를 확대시켰으며, 여가참여에 대한 이론적 틀을 제시하였다(송영민, 2004: 이훈 외, 2004: 이승구, 2002; Jackson & Henderson, 1995). 점차 여가활동 결정에서 여가제약의 영향에 관해 더 정교한 설명을 시도하고 있으며 이러한 노력들은 여가를 형성하는 변수들과 상황들을 이해하는 데 도움을 주고 있다(Crawford, Jackson, & Godbey, 1991; Jackson & Henderson, 1995). 여가제약의 이론적인 모형은 Crawford, Jackson & Godbey(1991)에 의해 내적 제약요인(Intrapersonal Constraints), 대인 제약요인(Interpersonal Constraints), 그리고 구조적 제약요인(Structural Constraints) 세 측면의 위계 모델로 제시되었으며, 이들 세 요소는 단계적으로 연결되어 있어서 앞 단계가 극복이 되어야 그 다음 단계로 나아간다고 주장하였다(<그림 2> 참조). 내적 제약요인은 흥미, 자기자각, 불안 등 개인적인 심리상태나 특성을 포함하며, 대인 제약은 여가활동을 위한 적절한 동반자와 같은 인적관계나 교류를 의미하고, 마지막으로 구조적 제약은 여가활동을 하고자 하는 의도와 대인 관계가 형성된 후 실제 활동참가를 가능하게 하는 차원으로 재정상황, 시간, 정보 등과 관련된다.

　하지만 이와 같은 이론적 발전과 더불어 여가제약모형의 한계와 비판에 관한 연구 또한 함께 진행되었다. 즉 Samdahl & Jekubovich(1997)를 비롯한 연구자들에 의해 여가제약모형의 가정, 방법, 해석 등에 대한 문제제기들이 제시되었으며, 대안적인 기준 변수나 동기(motivation), 협상(negotiation), 촉진자(facilitator) 등의 새로운 개념들과 접목하면서 더 발전된 이론적 틀을 구성하기 위한 노력이 계속되고 있다(Coble, Selin, & Erickson, 2003; Alexandris, Tsorbatzoudis & Grouidos, 2002; Raymore, 2002; Hubbard & Mannell, 2001; Nadirova & Jackson, 2000).

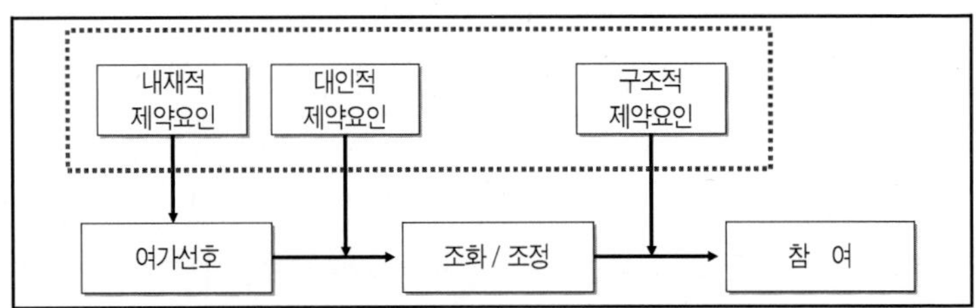

〈그림 2〉 여가제약모형

자료: Crawford, Jackson & Godbey(1991)

Jackson & Scott(1999)은 여가제약연구의 방법론과 접근방법은 지난 20~30년간 북아메리카의 여가연구 패러다임에 의해 영향을 받았는데, 객관적인 사회과학의 산물이기보다는 당 시대에 필요한 과제해결로서의 한계를 지니고 있다고 하였다. 또한 Samdahl & Jekubovich(1997)는 개인들이 제약을 분명하게 느끼지 않는 경향이 있으며, 연구자에 의해 여가참여가 구조적인 형태로 분석됨으로써 개인의 삶을 인위적으로 이론화하려는 측면이 강하다고 비판하였다. 따라서 여가제약모형의 이론적 틀 속에서 한 개인이 왜 여가행위를 잘 하지 못하는가에 대한 실증연구들이 많이 행해져 왔지만, 개인의 여가참여에 있어서 제약현상을 보다 세밀하게 설명할 수 있는 측면에서의 연구들이 앞으로 진행되어야 할 것이다. 본 연구에서는 여가제약연구에 대한 비판으로 Raymore(2002)가제기한 여가촉진모형과 여가제약모형에서의 내적 요인과 대인 요인에 대한 관계성에 초점을 맞춰 서술하고자 한다.

3.1 여가촉진(Leisure facilitators)모형[2]

Raymore(2002)는 "왜 모든 사람들이 여가활동에 대해 관심을 가지고 있으며 모든 삶의 형태들을 동일한 여가기회와 관심으로 등식화해야만 하는가?"(p.38)라고 하면서 여가제약연구의 기본가정을 비판하였다. 그는 여가참여를 충분히 이해하려면 제약요인과 함께 여가촉진요인(leisure facilitators)을 이해해야 하며, 이러한 요인들이 참가와 불참 그리고 여러 가지 여가경험을 생산하는 데 어떠한 영향을 미치는가를 파악해야 한다고 하였다.

Raymore(2002)는 여가촉진요인의 정의를 여가선호를 형성하거나 촉진하며 여가참여를 강화하거나 장려하는 요인들이라고 정의하였다. 세부적으로 살펴보면 먼저 여가선호에 부정적인 영향을 주는 개인의 심리상태와 특성이 내적 제약의 정의라고 한다면(Crawford & Godbey, 1987), 내적 촉진(intrapersonal facilitators)은 여가선호를 형성하거나 촉진시키고 여가참여를 강화하거나 격려하는 개인의 성격이나 특성, 믿음으로 정의될 수 있다(Raymore, 2002). 외향적인 성격은 일반적으로 내향적인 성격보다 여가촉진요인으로 작용할 가능성이 크다. 이미 여러 연구에서 외향적 성격의 사람이 내향적 성격의 사람보다 여가활동에

---

2) 여가촉진모형에 대한 내용은 송영민·이훈(2004)의 「여가촉진요인과 여가 참여와의 관계 분석: 주5일 수업제 청소년 여가환경을 중심으로」의 내용에서 일부 보완하여 사용하였다.

적극적으로 참여한다는 사실을 제시하고 있다(김민주·송호철, 2000; 김홍설·송강영, 1996). 또한 정갑순(1999)의 연구에서는 외향적인 사람 일수록 자기 효능감(selfefficacy)이 높아 여가활동에 적극적으로 참여한 다는 연구결과를 보였다. 자기 효능감은 원하는 결과를 도출하기 위해 요구되는 일련의 활동들을 자신이 과연 성공적으로 수행해 낼 수 있는 지에 관한 주관적인 확신이라고 할 수 있는데(Bandura, 1977), 자기 효 능감이 강할 때 사람들은 높은 목표를 세우고 수행해 나가는 경향이 있 다(Locke & Latham, 1990). 둘째, 내재적 동기(intrinsic motivation)는 자기 스스로 결심하고 최적각성(optimum level of arousal)을 달성하도 록 해 주며 자신의 능력을 느끼는 데 도움이 되는 것으로서(Iso-Ahola, 1999, p.42), 자기결정(self-determination)과 함께 여가참여의 주요한 내 적 촉진요인으로 이해될 수 있다. Baldwin & Caldwell(2003)은 여가동 기 유형을 <그림 3>과 같이 무동기, 외재적, 내재적으로 설명하면서 무 동기 쪽으로 갈수록 비자기결정적이며 내재적 동기로 갈수록 자기결정 적이라고 하였다.

<그림 3> 여가동기의 유형

비자기결정적인 ←					→ 자기결정적인
행동 동기 유형	무동기		외재적		내재적
	무동기	외 적	부과된	확인된	통합된	내재적
	비의도적 통제결핍	보상추구 처벌회피	자아포함 자기통제	개인적 중요 의식적 가치	자기통합 일 치	만 족 즐 김

자료: Baldwin & Caldwell(2003)에서 인용

또한 Iso-Ahola(1999)는 비업무 활동과 여가와의 관계에서 비업무 활동을 의무적인 비업무 활동, 자유시간 활동, 그리고 여가로 나누고 내재적 동기와 자기결정이 가장 강한 것을 여가라고 정의하기도 하였다(p.37). 셋째, 과거 여가경험 또한 주요한 내적 촉진요인 중의 하나이다(Raymore, 2002). Kleiber, Larson & Cskiszentnihalyi(1986)는 적극적인 여가경험이 일상생활에 많은 영향을 미친다고 하였는데, 이러한 일상생활에서의 만족이 다시 여가참여를 유도하는 순환적인 측면에서 과거 여가경험이 여가참여에 촉진적인 역할을 할 수 있다.

대인 제약은 개개인의 특성 간의 관계 또는 대인 간 상호작용의 결과이며, 주변의 동료로 인해 자신의 여가활동 참여에 제약을 받는 것으로 정의할 수 있다(Crawford & Godbey, 1987). 이와 반대로 대인 촉진(interpersonal facilitators)은 여가선호를 촉진하거나 여가참가를 강화, 격려하는 개인이나 집단으로 정의할 수 있다(Raymore, 2002). 이러한 대인촉진요인은 상호의존이론(interdependence theory)으로 설명될 수 있는데, 개인의 여가에 부정적이거나 긍정적인 태도, 신념, 성향은 장기적인 대인과의 상호관계 속에서 형성된다(Brenda, 1999). Kenny(1996)는 파트너 효과(partner effect)를 한 사람이 다른 사람에게 미치는 특성 혹은 행동으로 설명하면서 부모와 친구의 여가에 대한 태도와 행동은 개인의 여가참여에 중요한 역할을 한다고 하였다. 이러한 대인촉진요인들은 여가행위에서 중요한 의미를 갖는데, 이는 사람들이 여가장소를 혼자보다는 다른 사람들과 함께 방문하는 경향이 강하기 때문이다. 흔히 여가 및 레크리에이션 장소에서 나타나는 대인 관계의 유형은 1) 자녀가 있거나 없는 가족, 2) 두 개 또는 그 이상의 가족과 함께, 3) 가족 그리고 친구와 친족, 4) 친구 그룹, 5) 팀이나 무리(troop) 또는 클럽과 같은 조직화된 그룹, 6) 혼자 등으로 나눌 수 있다(Stokowski, 1994).

구조적 제약(structural constraints)은 여가선호와 참가 사이에서 간섭적인 역할을 하는 요소이며, 계절, 기후, 시간, 기회의 접근과 그러한 기회 접근에 관한 지식, 특정활동에 대한 준거집단의 태도 등이 있다(Crawford & Godbey, 1987). 이러한 맥락에서 Raymore(2002)는 구조적 촉진요인(structural facilitators)을 개인의 외부 환경으로부터 개인이 여가선호를 형성하거나 촉진시키고 여가참여를 강화하거나 격려하는 사회제도, 조직 또는 사회의 믿음체계(belief system)라고 하였다. Raymore(2002)는 제약요인과 촉진요인을 여가참여에 직접적으로 영향을 주는 요인이 아닌 환경 조건(condition)으로 보고 있기도 하다. Raymore(2002)는 생태적 접근모형을 사용하여 Crawford, Jackson & Godbey(1991)의 모형을 <그림 4>와 같이 수정하였는데, 이 모형에서 내적, 대인, 구조적 제약과 촉진요인은 따로 떨어진 것이 아니라 모두 연결된 생태적 환경 속에 있다고 주장하기도 하였다.

〈그림 4〉 여가참여에 대한 생태학적 모형

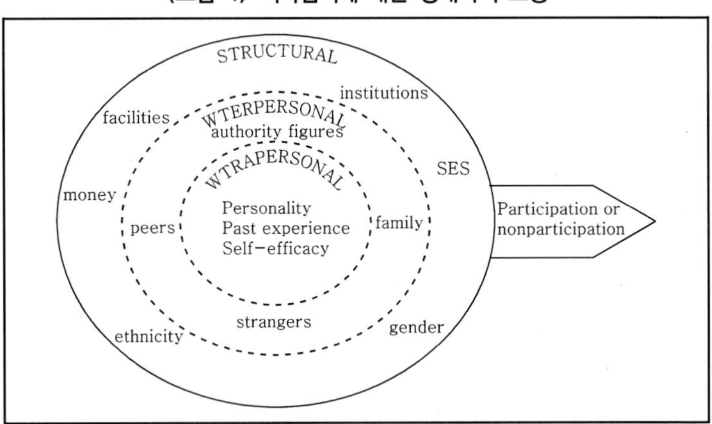

자료: Raymore(2002) 「Facilitator to leisure」 p.43에서 인용.

3.2 내적 요인과 대인 요인의 관계성에 관한 논의

최근 여가제약에 대한 연구에서 내적 제약과 대인 제약 그리고 구조적 제약요인에 대한 실증적 연구들이 제시되고 있지만 각 요인 간의 관계에 대한 논의는 활발히 진행되고 있지 않다. 특히 국내 대다수 연구들이 서구의 초기 제약연구와 같이 구조적 제약요인에 대한 연구에 초점을 맞춘 반면 대인 제약, 내적 제약에 대한 논의는 상대적으로 부족하였다고 할 수 있다(이인재·이훈, 2005). 특히 여가참여현상을 설명하는 데 있어서 개인의 성격과 같은 내적 측면은 대인 관계와 매우 밀접한 관계가 있으므로 이에 대한 심도 있는 논의가 필요하다고 할 수 있다.

앞에서도 살펴보았지만 여가제약모형에서 Crawford, Jackson & Godbey (1991)는 내적 제약, 대인 제약 그리고 구조적 제약 세 가지 요인을 하나의 틀 속에 위치시킴으로써 순차적이고 위계적인 통합모형을 제시하였다(<그림 2> 참조). 하지만 몇몇 학자들이 이러한 위계성에 대한 검증을 시도하였으나(김유일·강석희, 2000: Hawkins, Peng, Hsieh & Eklund, 1999: Raymore, Godbey, Crawford & von Eye, 1993), 통일된 결과가 나오지 않아 모형 자체가 갖고 있는 위계 여부를 일반화하는 데는 한계가 있는 것으로 지적되고 있다. 또한 제약이 반드시 여가참여에 부정적인 영향을 주는 것이 아니라 자신의 상황에 맞게 여가제약요인을 조정한다는 협상과 관련된 연구들이 몇몇 학자들(정소현, 2004: Samdahl & Jekubovich, 1997: Kay & Jackson, 1991: Jackson & Rucks, 1995)에 의해 제시되었다. 이러한 결과들은 여가행위에 있어서 제약요인이 반드시 여가참여에 부정적인 관계를 갖는 것이 아니라는 사실을 제시한 점에서 여가제약연구에 주는 시사점이 크다고 할 수 있다. 특히 내적 제약과 대인 제약의 위계성과 관련한 이러한 일련의 사실은 내적 제약 후에 개인이 느끼는 대인 제약이 반드시 여가참여에 부정적인 영향을 주지는 않으며 협상 등을 통해서 자신의 여가행위를 조정해 나갈 가능성이 클 것이라는 사실을 예측하게 한다.

또한 내적 제약과 대인 제약의 상호 연결성에 대한 문제도 논의되어야 한다. 즉, 자신감과 외향적 성격 등의 내적 요인은 분명 대인 측면과 매우 밀접한 관계를 갖고 있다. 국내에서도 몇몇 학자들(김남용, 2005: 소연희, 2004: 임승환, 2002)이 내적 요인과 대인 요인이 강한 관계가 있다는 사실을 보여주고 있다. 또한 Henderson(1997)은 대인 제약과 내재적 제약을 묶어서 선행적인(antecedent) 제약요인으로 제시를 하기도 하였다. 대인 제약은 개인의 내적인 심리상태 이외의 요소이면서 또한 개인의 심리상태에 영향을 주기 때문에 내재적 제약과 대인 제약을 함께 볼 수 있다는 것이다. 이미 여가제약에 대한 실증적 연구(이훈 외, 2004)에서 여가제약 평가항목에 대한 상관관계를 분석한 결과 대인 제약요인은 내재적 제약요인과 비교적 강한 상관성을 보이고 있다는 사실을 알 수 있다(<표 5> 참조). 또한 정란수(2005)는 내재적 제약이 개인의 심리적 형태의 제약이며, 구조적 제약은 이미 주어진 환경의 제약요인으로 파악될 수 있기에 큰 혼동이 없으나, 대인 제약은 결국 그 자체의 제약요인으로 보기보다는 다른 제약요인과 상관성을 띠는 제약요인으로 파악되어야 한다고 주장하기도 하였다.

앞 장에서 다루게 될 SNA는 개별 행위자의 특성이 어떻게 다른 개인들과 연결되어 있으며 이러한 전체적인 네트워크 구조가 한 개인의 행동에 어떤 영향을 줄 것인가에 대한 일련의 과정을 보여줄 수 있다는 측면에서 위에서 제기된 내적 요인과 대인 요인의 상호 관계성을 분석해 볼 수 있는 좋은 방법이다. 본 연구에서는 내적 제약과 대인 제약에 대한 위계성 문제와 더불어 여가행위에 대한 내적 요인과 대인 요인 간의 상호연결 측면을 SNA와 심층인터뷰 결과를 통해 논의하고자 한다.

〈표 5〉 제약요인 간 상관분석 결과

구 분		내재적 제약요인			대인적 제약요인			구조적 제약요인			
		①	②	③	④	⑤	⑥	⑦	⑧	⑨	⑩
내재적	①	1	0.684**	0.637**	0.325**	0.305**	0.086	-0.053	0.002	0.057	0.124*
제약	②	0.684**	1	0.754**	0.338**	0.265**	0.027	-0.057	0.038	0.033	0.100
요인	③	0.637**	0.754**	1	0.379**	0.263**	0.030	-0.003	0.038	0.042	0.111*
대인적	④	0.325**	0.338**	0.379**	1	0.519**	0.415**	0.057	0.257*	0.310**	0.307**
제약	⑤	0.305**	0.265**	0.263**	0.519**	1	0.558**	0.133*	0.194**	0.210**	0.319**
요인	⑥	0.086	0.027	0.030	0.415**	0.558**	1	0.358**	0.218**	0.238**	0.248**
구조적 제약 요인	⑦	-0.053	-0.057	-0.003	0.057	0.133*	0.358**	1	0.247**	0.097	0.032
	⑧	0.002	0.038	0.038	0.257**	0.194**	0.218**	0.247**	1	0.309**	0.248**
	⑨	0.057	0.033	0.042	0.310**	0.210**	0.238**	0.097	0.309**	1	0.478**
	⑩	0.124*	0.100	0.111*	0.307**	0.319**	0.248**	0.032	0.248**	0.478**	1

주1) Pearson 상관계수, *: P<0.05, **: p<0.01에서 유의
주2) 항목 명: ① 재미없을 것 같아서, ② 관심이 없어서, ③ 흥미가 없어서, ④ 함께 갈 사람 부족, ⑤ 가족, 친구와 함께 하기에 적당하지 않음, ⑥ 가족, 친구의 시간 부족, ⑦ 시간이 없어서, ⑧ 돈이 부족해서, ⑨ 시설이 불편할 것 같아서, ⑩ 참가 방법을 몰라서
주3) 자료출처: 정란수(2005) p.38에서 인용

4. 여가사회학의 해석과 구조적 접근3)

사회학의 근본적인 가정은 사회가 임의적이며 논리적이지 않은 실체가 아니라 상대적으로 사람들 사이의 예측 가능한 사회적 관계와 상호

---

3) 본 연구에서 여가사회학에 대한 해석과 구조적 접근은 Stokowski(1994)의 책 「Leisure in Society」의 2장, 3장 그리고 4장의 내용을 참고하여 서술하였다.

작용 유형의 결과라는 것이며 이러한 가정아래, 학자들과 연구자들은 사회를 구성하는 유형을 밝히기 위해 노력한다. 여가사회학(sociology of leisure)은 여가현상을 설명하기 위해 사회학적 추론과 이론, 그리고 방법을 적용한 사회학의 한 부분이라고 할 수 있다(Stokowski, 1994). Shim(2004)은 여가연구에 대한 과거 연구주제와 향후 연구주제 그리고 주요한 학문적 접근을 북미와 한국 여가학자를 중심으로 문화합의 이론(cultural consensus theory)을 이용하여 연구하였다.

〈표 6〉 여가연구에 대한 주요 학문적 접근

구 분	순 위	North America	Consensus score	Korea	Consensus score
과거의 주요 학문적 접근	1	Psychology / Social Psychology	4.78	Tourism	4.16
	2	Sociology	4.19	Physical Education / Sports	3.98
	3	Tourism	3.90	Sociology	3.94
	4	Forestry	3.89	Psychology	3.58
	5	Management	3.61	Business Administration	3.09
미래에 영향을 미칠 학문적 접근	1	Health	4.11	Sociology	4.28
	2	Sociology	4.02	Tourism	4.22
	3	Psychological / Social Psychology	3.84	Physical Education / Sports	4.18
	4	Economics	3.80	Social Welfare	4.09
	5	Information Technology	3.69	Psychology / Social Psychology	3.97

주) Shim(2004)의 연구 중에서 연구자가 발췌한 것임.

<표 6>을 보면 특히 학문적 접근으로 사회학은 북미와 한국에 있어서 과거 그리고 미래에도 여가연구에 주요한 영향을 미칠 것으로 예상된다. 특히 한국에서는 사회학이 미래에 영향을 미칠 학문 중 1

위로 예측되고 있음을 알 수 있다(<표 6> 참조).

〈표 7〉 여가사회학의 발전과정

단 계	학문적 이슈와 연구 관심에 대한 주제
1. 형성기	1. 철학적 범위: 태도, 활동 그리고 시간으로서의 여가 2. 노동과 대립되는 개념으로서의 여가 3. 사회경제적 조건에 대한 분석, 사회적 문제로서의 여가, 여가의 범위, 여가의 문화적 구조(framework)
2. 경험적 연구	1. 레크리에이션 참가자의 특징에 대한 기술적 분석 2. 여가와 가족 life cycle 3. 레크리에이션 장소의 사회적 의미, 참가자의 체험 등
3. 비판적 접근	1. 여가연구에 있어서 전통적 접근에 대한 비판 2. 여가사회학의 해석적 접근: 상징적 상호작용, 현상학, 교환 이론 등 3. 여가의 맥락과 여가 의미에 대한 분석: 여가의 사회적 의미, 확장된 관계 유형 등

주) 자료: Stokowski(1998) 「Leisure in Society」 p.17

<표 7>을 보면 여가사회학이 어떻게 발전해 왔는지를 알 수 있다. 여가사회학의 형성기에는 주로 여가에 대한 태도, 활동 그리고 시간으로서의 여가를 연구하였으며 특히 노동과 여가와의 관계를 중심으로 사회 속에서의 여가의 의미를 규명하였다. 여가사회학에 대한 형성기를 지나서 점차 경험적 연구들이 제시되었는데, 여가와 레크리에이션 참가자의 특성을 파악하고 참가자의 체험 등을 규명하기 위한 양적 연구들이 제시되었다. 여가에 대한 사회심리학적 접근으로는 여가 권태감에 대한 연구(Iso-Ahola & Weissinger, 1990), 여가제약(Jackson, 1991), 여가몰입(Havitz & Dimanche, 1990) 등의 연구가 대표적 연구라고 할 수 있다. 하지만 이러한 연구경향에 대한 비판적 접근들이 시작되었는데

특히 양적 접근에 대한 비판으로 한 개인의 여가현상을 사회적 맥락 속에서 살펴보는 질적 연구들이 대안으로 제시되었다. 즉 여가현상에 대해 양적인 접근이 아닌 사회 속에서 개인의 여가의미를 해석하려는 시도들이 제시되고 있다.

여가연구에 대한 초기 노력들은 주로 여가장소, 시간, 활동에 초점이 맞추어져 있었으며 또한 다양한 종류의 활동에 참여한 사람들을 세분화하는 것이었다. 즉 방문객들을 그들의 개인적·사회적 특징들인 나이, 성, 교육, 인종, 수입과 직업 등으로 세분화하는 것이며, 이러한 목적은 사회에서의 여가와 레크리에이션 성장에 대한 자료를 제공하고 서로 다른 사회적 환경 속에서 여가와 레크리에이션 활동의 참여 증가에 대한 원인과 효과를 조사하기 위한 것이었다. 하지만 이렇게 개인에게 초점이 맞추어진 여가연구는 여가행위의 사회적 구조와 개인과의 관계에 관한 연구로 진행되면서 해석적 연구로 발전하였으며 이러한 연구경향은 차츰 활동이 이루어지는 사회적 맥락을 분석하여 여가참여를 예측하는 시도로 전환되기 시작하였다. 이러한 접근방식은 기존의 양적 방법에 대한 한계와 더불어 여가연구에 있어서 질적 연구의 필요성을 제시하는 것이었다. 해석적 접근이 전통적 접근과 가장 다른 점은 여가행위가 여가장소에서만 발견되는 것이 아니고 사람들의 일상생활 속에서도 발견된다는 점이다.

해석적 여가사회학에서 여가는 사회적 상호작용을 통해 사람들에 의해 창조되는 것이며, 단순히 연구자가 연구의 산물(즉, 시간과 활동 참여, 감정)로 규정하는 어떤 특성을 가진 객체(object)가 아니라는 것이다(Stokowski, 1994). 해석적 여가사회학에서는 실존주의, 상징적 상호작용, 현상학, 교환이론, 인본주의 등이 주요한 학문적 접근방법이라고 할 수 있다. 즉 해석적 방법은 여가참가자의 행위를 관계 측면

에서 양적 방법보다는 질적 방법을 통해 보다 심도 있는 접근을 하고
자 하는 데 기인하는 것으로서 이러한 접근은 기존 양적 접근에서 제
시된 문제들을 해결하기 위해 제시된 질적 연구방법과 관련이 있다.
<표 8>은 양적 연구방법과 질적 연구방법의 차이를 잘 보여준다. 특
히 연구목적에서 질적 방법은 일반적인 법칙을 발견하기보다는 개별
상황에 대한 이해 측면이 강한 것을 알 수 있어 여가연구의 해석적
접근에 적합한 연구방법이라는 사실을 보여준다.

〈표 8〉 양적 연구방법과 질적 연구방법의 비교

구 분	양적 방법	질적 방법
철학적 전제	Realism, Positivism Determinism	Normination, Anti-positivism Voluntarism, Ideographic
연구목적	Prediction(Observation) (규칙성, 인과성: 법칙 수립 및 일반화)	Understanding(Interpretation) (창조적 이해: 개별상황에 대한 이해)
연구과정	개념조작, 가설검증, 일반화(자연과학적) 연역적	탐색, 관찰(인문과학적), 귀납적
강 조	일반화	득수성
조작과정	변인 및 개념에 대한 조작 / 통제	조작 없음
데이터 수집방법	실험연구, 서베이, 내용분석	참여관찰, 심층인터뷰, Document / text 분석
측정도구	설문지 등 양적 척도	연구자
분석도구	통계적 수치	연구자의 이해, 직관, 통찰
결과보고	정형화	비정형화(연구과정, 맥락에 대한 설명)

자료: 연구자 작성

　　다음은 여가연구에 있어서 구조적 접근에 대해 알아보자. 먼저 구조
의 개념은 다양한 종류의 사회학 이론 속에서 연구가 되고 있다. <표
9>는 구조의 개념에 대한 기존 학자들의 정의를 정리해 놓은 것이다.

구조의 이론적 접근으로는 Marx의 생산관계·계급과 사회 이론, Parson
의 사회 시스템 통합에 기초를 둔 구조적 기능주의 이론, Levi-Strauss의
깊은 구조(deep structure), 그리고 Brown과 Blumer의 네트워크 구조주의
등이 있다고 할 수 있다(<표 9> 참고). 하지만 학자마다 구조의 개념이
달라서 사실 구조의 개념은 다소 모호한 상태로 남아있다고 할 수 있다.
그러나 이러한 모호함에도 불구하고 최근 구조 측면에서의 활발한 연구
경향들은 사회구조에 대한 개인 행위와 개인 행위에 대한 사회구조의
상호영향을 파악하려고 하는 노력들임에 틀림이 없는 것 같다.

<표 9> 학자에 따른 구조의 개념

학　자	구조의 개념
Blau, re Marx	사회구조는 생산력과 사람들 사이의 생산관계, 계급구조의 결과를 강요하는 하부구조(infrastructure)의 기초로 나타나는 종교, 정치, 가족, 행동양식, 관습.
Levi-Strauss & Donato	구조는 경험적 수준의 것이 아니라 더 깊은 곳에 있는 것으로서 무의식의 범주.
Homans	구조는 우리가 묘사하거나 분석하고 설명하고자 하는 사회와 그룹의 특징을 나타냄.
Blau, re Parsons	구조는 가치와 규범의 제도화된 하부구조(subsystem)가 서로 연결되어 있는 것.
Radcliffe-Brown	사회구조는 실제로 존재하는 관계들의 집합.
Blumer	사회적 구조는 사회적 위치, 지위, 역할, 권위, 그리고 인기 등이며 이것은 사람들 상호간의 관계를 나타냄.
Giddens	구조는 일반적인 법칙과 원천(resources)을 가진 체계(system).

주) 자료: Stokowski(1998) 「Leisure in Society」 p.41 인용.

특히 네트워크 측면에서의 구조와 관련하여 Stokowski(1994)는 사람은 광범위하고 다양한 사회적 관계(social connection)의 세계에서 살고 있는데, 여가행위와 의미는 사람의 일상생활과 관련된 대인과의 관계 구조의 유형에 의해 제약을 받거나 촉진될 수 있다고 주장하였다. 즉, 여가에 대한 긍정적 태도와 여가활동은 사회에서 다른 사람들과의 개인적 접촉을 통한 구조적 과정의 결과로서 나타난다는 것이다. 개인은 삶의 과정에서 많은 관계를 맺는데 이러한 관계로 형성된 구조가 여가행위에 어떤 영향을 미치는가가 여가사회학의 구조적 접근에서의 주요한 주제라고 할 수 있다. 이러한 접근은 대인 네트워크 구조가 개인단위의 선택과 행동에 어떤 영향을 주는가에 대해 관심이 있는데, 이는 여가연구에 관한 초기 연구들에서는 사람 간 관계를 통해 형성되는 네트워크가 여가행동과 의미에 영향을 준다는 사실에 대한 논의가 미약했기 때문이었다. 하지만 여가행위에 대한 구조적 접근은 기존 인지심리학적 관점에서 주류를 이루는 여가연구에 대한 부정적인 견해가 아니라 기존의 연구 틀에서 사회관계 형태가 여가행위에 어떤 영향을 미치는가를 살펴봄으로써 여가행위에 대한 이론적 근거를 강화하기 위한 것이라고 할 수 있다. <표 10>은 여가연구에 있어서 전통적 접근, 해석적 접근 그리고 구조적 접근의 특징을 제시하고 있다. 전통적 여가사회학이 주로 개인들의 집합체를 연구하였고 사회심리학적인 측면에 초점을 맞추었다면 해석적 접근과 구조적 접근은 개인의 여가행위를 그 개인이 속한 그룹과 사회와 같이 보다 거시적인 측면에서 접근하려고 한다는 사실을 알 수 있다.

〈표 10〉 여가사회학의 세 가지 접근

발전 과정	분석의 수준	사회 이론	방 법
전통적인 여가사회학	개인들의 집합체	제한된 사회심리학	양적 방법
해석적 여가사회학	그룹과 집단 속에서의 개인의 관계들	상징적 상호작용, 현상학	민속방법론: 질적 분석
구조적 여가사회학	행동과 구조: 미시와 거시와의 연결	상호작용, 구조적 과정, 시스템 이론 등	질적 그리고 양적 방법

자료: Stokowski(1998) 「Leisure in Society」 p.51에서 인용

5. 여가 네트워크 형성과정에 대한 이론적 고찰

사회 네트워크는 행위자들 간의 상호작용을 통해 구축되는 '구조'이고 이 구조는 행위자에게 '주어진 것(given)'이 아니라 분명 행위자들에 의해 구축되는 실체이며, 이는 다시 행위자들의 행위와 상호작용을 제약한다(손동원, 2002). 이러한 사회 네트워크 구조는 개인의 일상생활 속 관계에서 자연스럽게 형성되는데 개인은 서로 사회적 범위가 유사하면 보다 친밀한 관계로 발전하고 진행된다(Marsden, 1988). 하지만 반드시 집단 내에서 모든 타인과의 접촉을 유발하지는 않으며 일상생활에 영향을 주는 제약의 범위 내에서 그들의 사회적 네트워크를 조정하려고 한다(Louch, 2000). 이러한 대인 관계에 대한 최근 연구로서는 대인 관계로 인한 불안과 비행행동(Kiesner, 2004: Mahoney & Stattin,

2000), 유류상종(homophily)에 대한 연구(Suitor & Keeton, 1997), 친구와 또래집단(peer groups) 간의 관계에 대한 연구들(Kiesner, Kerr & Stattin, 2004: Brownell & Smith, 2003: Orina, Wood & Simpson, 2002)이 있다.

<그림 5>를 보면 사회적 관계 유형은 보통 역할에 근거한 관계, 인지적, 감성적 관계 그리고 행위에 근거한 관계로 나누어 살펴볼 수 있다. 또한 Wegener(1991)는 사회적 관계를 친밀한 관계, 공식적 관계 그리고 여가관점에서의 관계 등으로 분류하기도 하였다. 이러한 관계 유형에서 특히 감성적 관계와 여가관점에서의 관계는 타인과의 즐거운 관계를 말하며 다른 사람을 좋아하는 긍정적인 사회적 의미(social connotations)를 갖고 있다고 할 수 있다(Stokowski, 1994, p.45). 사회적 관계 패턴 속에서의 대인 관계의 변화(variation)는 개인의 행위에 영향을 주는 것으로 사회 속의 개인은 무의식중에 바라던 대인 관계 구조를 만들기 위한 노력을 통해서 상황을 조정한다(Stokowski, 1994). 타인과의 감정적인 관계는 일상적 삶 속에서 비공식적으로 조직되는 경향이 있다. 즉, 이러한 관계는 주로 파당(clique)[4]이라는 형태로 발전한다. 파당이 발생하는 이유에 대해서 Feld(1982)는 우리가 만나는 사람들이 우리 자신과 비슷하고 우리가 아는 사람들이 우리와 비슷하며 심지어 이러한 파당 안에서도 우리는 우리와 더욱 비슷한 사람들을 선택하기 때문이라고 하였다. 또한 Bates & Peacock(1989)은 파당이란 의미 있는 구조로서 같은 그룹으로 분류할 수 있는 사람들의 행동을 예측할 때 사용될 수 있다고 하였다.

---

4) 파당(clique)의 사전적 정의는 '주의 혹은 주장과 이해를 같이하는 사람들끼리 어울려져 모인 무리'이다.

〈그림 5〉 사회적 관계의 유형

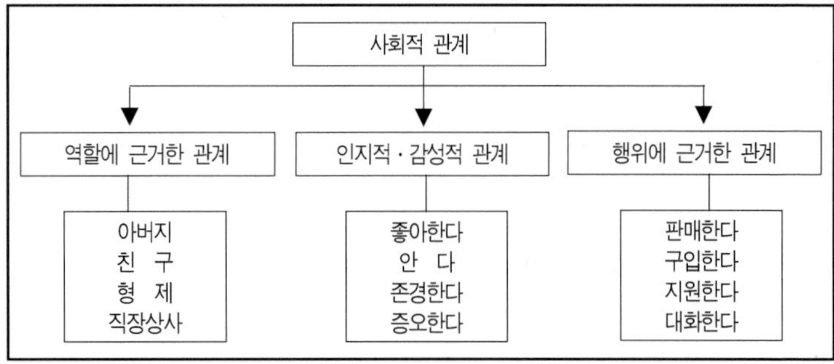

자료: 손동원(2002). 「사회 네트워크 분석」 p.2에서 인용

 따라서 개인이 지속적인 관계를 맺고 있는 집단에서 보이지 않는 파당이 발생하며, 이때 개인은 한 개의 파당에 속할 수 있고 동시에 여러 개의 파당에 속해 있을 수도 있다. 파당에서 개인은 성격(personality)과 사교성(sociability)과 같은 개별적 특성(attributes)에 따라 파당을 이끌거나 파당에서 소외되기도 한다. 파당의 성격을 여가 측면에서 살펴보자면 사람들은 특별한 레크리에이션 활동과 유형들을 선택하는 경향이 있는데, 그들은 사회적 영역 안에서 다른 사람과의 친밀한 관계를 통해 비슷한 여가 패턴을 보일 가능성이 크다. 이러한 측면에서 Burch(1986)는 개인 주변의 친밀한 사회적 영역의 성격이 여가행위의 다양성을 결정하는 주요한 결정요인이라고 하였는데, 따라서 일상적 관계 속에서 파당의 형성과 파당에서의 서로 간의 응집력(cohesion)은 여가행위에 강한 영향을 줄 가능성이 크다. 즉, 파당에서의 응집력은 앞 절에서 살펴본 개인의 여가행위에 대한 대인 촉진 또는 제약의 의미로 해석할 수도 있다. 파당은 개인과 개인 사이에서 비슷한 성향을 가진 사람들의 그룹이므로, 특정 여가선호 측면에서 비슷할 가능성이 크며 실제 여가행위로 연결될 수 있는 가능성 또한 크다.

6. 사회 네트워크 분석
(Social Network Analysis: SNA)

사회과학에서 네트워크 연구는 소집단, 기관, 종족이나 마을 공동체에 있는 사람들 사이의 관계 연결고리의 중요성을 사회학자들과 인류학자, 사회심리학자들이 설명하고 분석하는 방식으로 제2차 세계대전 이후에 빠르게 발전한 분야라고 할 수 있다(Stokowski, 1994). SNA는 망의 격좌점(Actor)의 개별적 속성과 격좌점을 이어주는 관계적 특성, 네트워크 전체를 묘사하는 구성적 성질을 분석의 기본단위로 하는데 관계적 특성이란 상호작용을 의미하며 분석단위의 내재적인 개별적 속성(individual attributes)이 아니라 분석단위 사이의 상호작용을 의미한다(김용학, 2003a). 즉, 각 개인의 상호작용의 관계성은 행위를 통해 생산되고 유지되며, 각 개인이 맺고 있는 관계의 전체적 형태가 그들의 행위에 영향을 미친나는 것이나.

Wellman(1988)은 SNA 접근에 대한 다섯 가지 기본가정을 설명했다. 이들은 다음과 같다. (1) 세계는 집단이 아닌 네트워크로 구성되어 있다, (2) 사회적 구조가 쌍관계의 작용을 결정한다, (3) 조직화된 사회적 관계들은 사회학적 측면에서 구성원들의 개인적 특성보다 더욱 설명력이 있다, (4) 사회적 관계의 조직화된 시스템 내의 위치에서 기준이 도출된다, (5) 구조적 방법은 개인적 방법을 보충하고 대체한다. 이러한 Wellman(1988)의 접근방법은 SNA가 사회관계성의 형태(morphology of social relations), 혹은 사회 연계망의 패턴(patterns of social linkage)을 분석하는 방법 측면에서 대인 관계를 규명하는 구조적 접근에 매우 유용하다는 사실을 나타낸다.

최근 SNA 관련 연구를 살펴보면 먼저 Marmaros & Sacerdote(2002)는 개인의 사회적 네트워크와 취직의 관계를 연구하였고, Haythornthwaite (1996)는 정보의 흐름을 사회 네트워크 이론을 통해 개념적으로 서술하였으며, Iacobucci, Henderson, Marcati, & Chang(1996)은 사회 네트워크 이론을 마케팅에 접목하여 프랑스와 독일의 자동차시장에서 소비자의 브랜드 전환 유형을 연구하였다.

국내 연구에서 김안나(2003)가 SNA를 바탕으로 한국과 독일 두 나라에서 실제 개인관계가 어떻게 구성되어 있는지를 비교·분석하였고, 김우식(2004)은 영화산업에서 배우들이 새로운 장르에 진출할 때 감독과의 네트워크를 통해 불확실성을 해소하고 이미지를 형성하는 방식을 SNA를 통해 규명하였다. 또한 김용학·김진혁(1990)은 결혼에 의한 사회적 거리의 구조적 분석을 다차원 축적도(MDS: Multidimensional Scaling)를 이용하여 분석하였으며, 특히 지충남·유병선(2005)은 SNA 프로그램인 UCINET 6을 이용하여 정책집행과정에서 엘리트의 네트워크 구조를 실증 분석하였다.

국내 관광분야에서 최근 구태회·이윤철(2005)은 네트워크 밀도(density)와 구조적 틈새(structural hole)의 개념을 이용하여 호텔 네트워크와 경영성과와의 관계를 규명하였다. 특히 이주연·이영주·이동호(2005)는 농촌관광개발과 이를 둘러싼 이해당사자의 특성을 분석한 연구를 제시하였는데, 이 연구는 농촌의 특정 집단에 대한 구조를 이해하는 데 있어 SNA를 적절하게 적용한 사례라고 할 수 있다. 국내 여가분야에서는 최경애·박창범·임수원(2004)이 동호회 내 네트워크 형태를 네트워크의 강도와 파당 등의 개념을 이용하여 연구하였다. 이처럼 국내 여가 및 관광분야에서도 SNA를 적용한 연구들이 차츰 제시되고 있음을 알 수 있다. 하지만 향후 여가행위에 대한 네트워크 측면이라는 구조적 접근에서 풀어야 할 몇 가지 과제가 있는데, 향후 연구에서는 밀도와 상호간의 응집력에 대한 보다 과학적인 분석이 필요하며 무엇보다도 자아중심적 네트워크가 아닌 한 집단을 보다 객관적으로 분석하여 구체적인 네트워크의 구조적 변인들이 여가행위에 어떤 영향을 미치는가를 파악하고자 하는 노력이 있어야 할 것으로 판단된다.

<표 11>은 SNA의 측정 개념에 대해 서술한 것이다. SNA의 측정 개념은 SNA 결과를 이해하는 데 있어서 기본적인 개념을 제시해 준다. 본 연구에서는 이러한 여러 개념들 중에서 밀도, 중심성과 그룹화에서의 파당에 대해 서술해 나가고자 한다.

〈표 11〉 사회 네트워크의 측정 개념

	유 형	정 의
상 호 작용적 기 준	의사소통의 빈도	상호작용의 수와 연속성
	연결의 유형	관계의 목적과 작용: 관계의 유형(교환, 의무, 감정, 힘)
	중 복	관계의 중복: 관계 속에서 결합된 내용의 수
	상호관계	관계의 조화 정도(A가 B를 선택하면 B도 A를 선택하는가?)
	연결의 강도(약함, 강함)	시간, 감정, 강도, 상호성의 상대적 측정
구조적 기준	크 기	사람의 수 또는 네트워크 속의 관계
	밀 도	네트워크의 연결: 총연결에 대한 실제 연결의 비
	거 리	네트워크에서의 두 Actor 사이의 연결 수
	중심성	Actor와 Actor 사이의 인접과 영향
	그룹화	네트워크 하위그룹(subgroups)과 파당(clique)
		네트워크에서의 역할
	고립(isolate)	네트워크 안에서의 주변 Actor
	다리(bridge)	다른 네트워크 하위그룹을 연결시키는 그룹 멤버
	연락(liaison)	어떤 그룹의 멤버가 아닌 여러 그룹들을 연결시키는 Actor
	스타(star)	커뮤니케이션 연결이 가장 큰 숫자를 가진 Actor

자료: Stokowski(1998) 「Leisure in Society」 p.61에서 인용

6.1 밀도(density)

밀도(density)란 한 네트워크에서 행위자들 사이의 연결된 정도를 의미한다(손동원, 2002). <그림 6>은 고밀도 그래프와 저밀도 그래프의 차이점을 잘 보여준다.

<그림 6> 고밀도 그래프와 저밀도 그래프의 비교

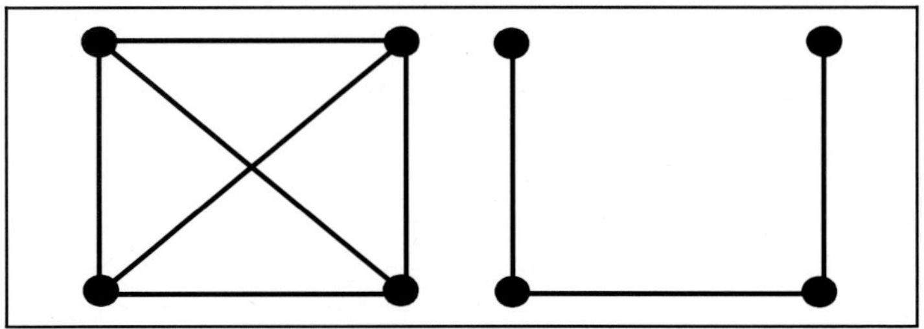

자료: Haythornthwaite(1996)에서 인용

밀도를 구하는 공식은 네트워크의 형태에 따라 달라질 수 있다 (Wasserman & Faust, 1994). 본 연구에서 사용되는 네트워크는 방향 네트워크이며, 이 경우에는 보통 밀도를 구하는 공식과는 좀 다르다. 관계가 존재하는 그래프는 비대칭적이므로 최대 가능한 라인 수는 g(g-1)이 된다(손동원, 2002). <표 12>는 방향 그래프에서의 밀도 계산 공식이다.

<표 12> 방향 네트워크 밀도 공식

$$방향네트워크밀도 = \frac{k}{g(g-1)} , (k = 라인의수, g = actor의수)$$

자료: 손동원(2002), 「사회 네트워크 분석」 p.59에서 인용

6.2 중심성 분석(centrality analysis)

  중심성은 네트워크 각각의 개인에 의해서 지속되는 관계의 수를 계
산함으로써 측정되는데, 중심성은 권력의 영향력이라는 개념과 연결되
어 가장 많이 쓰이는 지표 가운데 하나이다(김용학, 2003a). 가장 인
기가 있다는 말은 친구 네트워크의 관계에서 가장 중앙에 있다는 것
을 의미하는 것으로, 중심성은 한 결점이 얼마나 많은 다른 결점들과
연결되어 있는 가로 잴 수도 있고 또는 한 결점이 다른 모든 결점들
에 도달하려면 몇 단계나 필요한지로 잴 수도 있다(Scott, 1991). <그
림 7>을 보면 A의 결점이 가장 많은 결점들과 연결되어 있고 각 결
점들과의 거리가 최단거리에 있어서 중심성이 가장 강하다는 것을 보
여주고 있다(Wasserman & Faust, 1994).

<그림 7> 중심성의 개념

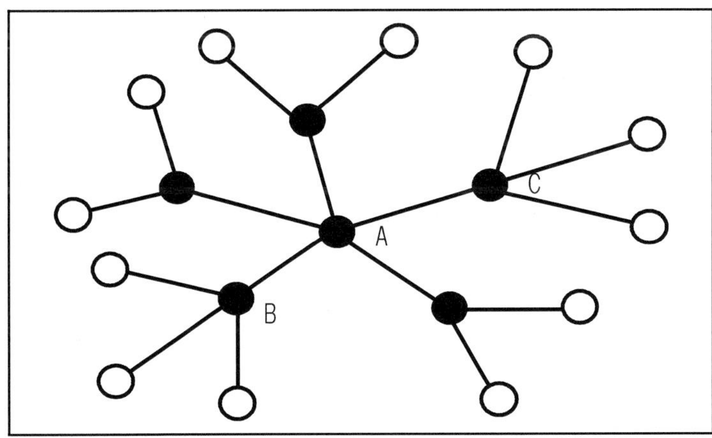

자료: Scott(1991), 「Social Network Analysis」 p.92에서 인용

중심을 측정하는 방법에는 연결정도 중심성(degree centrality), 근접 중심성(closeness centrality) 그리고 매개 중심성(betweenness centrality)이라는 세 가지 유형이 있다(Wasserman & Galaskiewicz, 1994). 연결정도 중심성은 다른 Actor와의 연결 정도를 중심으로 보는 개념이다. 이는 한 점에 연결된 다른 점의 수로 측정된다. 근접 중심성은 한 점이 다른 점에 얼마나 가깝게 있는가를 말하는 개념이다. 즉, 두 점 사이의 거리가 핵심개념인 것이다. 다른 점과 가깝게 있다면 그들과 쉽게 관계를 맺을 수 있다고 보고 그만큼 중심적인 역할을 한다고 간주한다(손동원, 2002). 매개 중심성은 네트워크상의 한 결점이 다른 점들 사이에 위치하는 정도를 측정하는 것으로 한 결점이 다른 결점들 사이의 최단거리를 연결하는 선, 즉 최단경로 위에 위치하면 할수록 그 결점의 매개 중심성은 높아진다(Wasserman & Galaskiewicz, 1994). 다시 말해, 매개 중심성은 한 점이 얼마나 다른 점들과의 네트워크를 구축하는 데 중개자 혹은 다리 역할을 수행하는가를 측정하는 개념이다(손동원, 2002). <표 13>은 세 가지 중심성에 대한 공식을 제시한 것이다.

〈표 13〉 중심성 측정 공식

개 념	공 식	설 명
연결정도 중심성	$C_i = \sum_{j=1}^{n}(Z_{ij}+Z_{ji}) / \sum_{i=1}^{n}\sum_{j=1}^{n}(Z_{ij})$	- Z_{ijk}는 k 네트워크에서 i 행위자로부터 j 행위자로의 관계를 의미. 연결정도 중심은 전체 연결 수에서 각 행위자의 내향 연결정도와 외향 연결정도로의 비율로 측정(김용학, 2003a).

개 념	공 식	설 명
근접 중심성	$C_i = \left[\sum_{j=1}^{n} d_{ij} \right]^{-1}$	-두 점 i와 j의 가장 짧은 경로 거리를 d_{ij}라 하면 다른 점들이 그 점과 연결될 수 있는 거리들을 모두 더한 것에 역수를 취한 값으로 측정(손동원, 2002).
매개 중심성	$C_B(i) = \sum_{j<k} g_{jk}(i)/g_{jk}$	- g_{jk}는 네트워크 내 특정 두 점(j와 k) 사이에 존재하는 최단거리 경로의 경우의 숫자이고, $g_{jk}(i)$는 두 점 j와 k(j ≠ k) 사이에 존재하는 점 i를 경유하는 횟수를 말함(손동원, 2002).

자료: 연구자 작성

6.3 파당분석(clique analysis)

파당(clique)의 사전적 정의는 '주의 혹은 주장과 이해를 같이하는 사람들끼리 어울려져 모인 무리'이다(Wasserman & Galaskiewicz, 1994). 이 정의를 그래프 용어로 표현하면 '한 네트워크에서 세 점 이상으로 구성된 가장 완벽한 하위 그래프'로 표현할 수 있다(손동원, 2002). 한 네트워크에는 여러 개의 파당이 존재할 수 있다. 또한 한 구성원이 하나 이상의 파당에 속할 수도 있고, 어떤 구성원은 어떠한 파당에도 속하지 않을 수도 있다. 파당은 높은 친밀도를 기초하여 성립하는 것이므로, 참여자의 수가 많은 경우보다는 적은 수의 네트워크의 경우가 파당이 많아질 소지가 있다(Wasserman & Faust, 1994). 그런데 이 파당에 대한 정의가 너무 엄격하여 파당을 현실세계에서 찾기 어렵다는 한계가 있다(손동원, 2002). 이러한 점을 보완하기 위해서 보편적으로 거리를 완화하는 방법이 적용되며 그 방법에는 <표 14>에서 제시된 것과 같이 n-파당(clique), n-클랜(clan), n-클럽(club)이 있다. 이러한 방법은 인접정도, 도달가능성, 직경(diameter) 등과 같은 거리 개념에 근거한 분석들이다. 특히 'n-파당'과 'n-클랜' 방식이 많이 사용되고 있는데 n-파당에서 'n'은 파당에 속한 구성원들 사이의 최대 경로길이를 의미한다. 그러나 n-파당은 'n'이 2보다 커지면 현실적으로 해석이 어려운 한계를 갖고 있다. n-클랜은 n-파당보다 확장된 개념으로서 파당의 직경을 고려한 개념이다. 여기서 'n'은 직경을 의미한다. n-클랜에서는 거리를 2로 하여야 하며 동시에 직경이 n인 점들의 집합이라고 할 수 있다. 본 연구에서는 파당에서 거리와 직경을 고려하여 현실적으로 비교적 한계가 적은 n-클랜 방식으로 파당분석을 수행하고자 한다.

<표 14> 하위집단 분석방법과 특성

분석기법	정 의	적용된 네트워크 개념		한 계
파 당	•직접 연결된 점들의 집합	인접도 (adjacency)		•현실을 직접적으로 반영하지 못함
n-파당	•파당의 구성원을 거리 n까지 확장된 점들의 집합	도달 가능성 (reacheability)	거리 (distance)	•n이 2보다 커지면 현실적 해석의 어려움이 존재함
n-클랜	•거리 2에서 연결되어 있고 동시에 직경이 n인 점들의 집합	geodesic, diameter		
n-클럽	•직경이 n인 점들의 집합	diameter		•분석패키지에서 분석되지 못함

자료: 손동원(2002), 「사회 네트워크 분석」 p.189에서 인용

Ⅲ 연구분석의 틀

III

연구분석의 틀

1. 현상학 측면에서 네트워크 연구의 의미

본 연구는 여가연구에 있어서 개인의 심리적 측면이 아닌 대인 네트워크 측면에서 여가행위를 설명하려고 한다. 대인 네트워크는 개인 간의 끊임없는 일상적 삶을 통해 형성되는 것으로서 대인 네트워크 측면에서 여가행위를 고찰하는 것은 분명 현상적인 측면에서 의미가 있다고 할 수 있다. 왜냐하면 현상학에서 현상이란 어떤 객관적인 사건이나 사물을 의미하는 것이 아니라, 개인의 의식에 의해 경험된 특정 대상이 의식 앞에 구체적으로 나타나는 모습을 의미하는데(이숙정, 2005), 이러한 측면에서 본 연구는 개인의 일상적 관계를 통한 대인 네트워크 현상을 가시화하고 질적 면접을 통해 여가행위를 대인 측면에서 고찰하기 때문이다. <표 15>는 질적 연구방법에 대한 유형을 정리해 놓은 것으로서 특히 현상학은 특정 현상을 통해 개인의 경험과 구조의 본질을 밝혀내는 접근이라는 것을 알 수 있다.

〈표 15〉 질적 연구의 유형

연구유형	핵심적 연구주제	자료수집 및 방법	기타자료
현상학	연구대상이 현상을 통해 경험하게 되는 경험의 구조와 본질은 무엇인가?	대화녹음, 개인 경험의 일화들	현상학적 문헌
민속지학	이 그룹 구성원들의 문화는 무엇인가?	비구조적 인터뷰: 참여관찰법	문서, 기록, 사진, 지도, 족보, 사회조직표
상징적 상호작용론	상징에 대한 보편적인 세트 혹은 이해가 사람들의 상호작용에 의미를 부여하는가?	면담(녹음)	참여관찰법, 메모, 일기
민속방법론	사람들은 그들의 일상활동을 어떻게 받아들이며, 어떻게 사회에서 수용되는 방향으로 행동하는가?	대화(녹음, 비디오 녹화)	관찰, 현장기술
문화연구	문화에 대한 연구	위에서 제시한 방법들을 모두 사용	

자료: 연구자 작성

최근 국내 여가연구에 있어서도 이러한 현상학적인 접근에 대한 연구가 이루어지고 있는데(이정수·이철원·송성섭, 2005: 신현군·이학준, 2004: 권욱동·김호상·여인성·임재구, 2000), 주로 체육학에서 연구가 진행되고 있으며 관광학 측면에서의 연구는 미미한 실정이다. 이러한 일련의 현상학적 관점에서의 여가연구는 여가의미에서 사회적 구조의 중요성을 연구하는 데 있어서 다양한 개념적 방향을 제시할 수 있

음을 보여주고 있다. 예를 들어 여성 무용수에 대한 여가경험을 질적 면
접을 통해 고찰하거나(이정수·이철원·송성섭, 2004), 오토바이 폭주족
청소년들의 심리를 열등과 우월, 몰입과 즐거움, 도전과 반항이라는 범
주 속에서 질적 면접을 통해 여가경험을 분석한 연구(신현군·이학준,
2004) 등은 여가행위에 대한 구체적인 사회적 맥락 속에서 특정 개인들
의 여가경험을 고찰하였다고 할 수 있다. 이러한 연구들의 장점은 구체
적인 개개인의 레크리에이션 선택 행동, 여가참여활동, 여가의 성격과
사회적 의미, 개인적 만족도 등을 다양한 사회적 기준과 개개인의 인식
에 따라 보다 세부적으로 분석할 수 있다는 점이라고 할 수 있다.

다만 여가연구에 있어서 아쉬웠던 점은 앞에서 Stokowski(1994)가
지적했던 것처럼 사회적으로 보다 확장된 개인의 관계 유형 측면에서
어떻게 그런 집단들이 발생하는지에 대한 설명이 지금까지 매우 미약
해 왔다는 것이다. 위의 예처럼 오토바이 폭주족과 같은 무리들이 어
떻게 특정 여가장소에 나타나게 되었는가에 대한 일련의 과정을 일상
적 관계 측면에서 연구하는 노력이 필요하다는 것이다. <표 16>을 보
면 일상적 관계를 통해 여가행위를 규명하는 사회 네트워크 연구에 대
한 특징이 잘 서술되어 있다. 기존 사회 그룹에 대한 연구가 가족과
친구들을 중심으로 이루어졌다면 사회 네트워크 연구는 일상생활에서
의 community⁵⁾ 속에서 개인과 여가행위의 관계를 규명하는 노력이라
고 할 수 있다. 즉, 사회 네트워크 연구는 개인의 일상적 삶을 통해 연
결될 수 있는 네트워크와 여가와의 관계를 규명한 접근이라고 할 수
있다. 이러한 접근은 개인이 속한 사회적 영역 속에서 일상적 관계와

---

5) 본 연구에서는 community라는 영어의 원어를 그대로 사용하고자 한다.
   community에 대한 다양한 정의가 있는데 일반적으로 공통적인 관심을
   갖고 있는 집단의 사람들이라고 정의할 수 있다.

여가행위와의 관계 규명을 통해 여가와 레크리에이션 그리고 관광지의 방문객들을 좀더 심도 있게 고찰하기 위한 노력이라고 판단된다.

<표 16> 그룹 연구와 네트워크 연구의 차이점

범 주	사회 그룹 연구	사회 네트워크 연구
이론적 관심	그룹 속에서의 친밀한 관계와 상호작용	사회관계와 확장된 community 네트워크 구조들
내 용	가족 또는 친구들과 레크리에이션	일상생활에서의 community 속의 사회 네트워크
일반적 접근	레크리에이션 참가자들을 그룹 속에서 분석	community 네트워크를 통한 사회적 연결 관계
분석에서의 관심도	사회 그룹이 개인에 대한 영향(규범, 전문화, 규칙 등) 그리고 개인적 심리 측면(동기, 만족)	사회관계 측면에서의 상호작용: 사회 네트워크의 구조적 측면
여가의 의미	여가는 레크리에이션 활동의 그룹 참여를 통해 성취된다	모든 삶의 맥락 속에서의 구조적 기회와 관계를 통해 여가가 성취된다

자료: Stokowski(1994) 「Leisure in Society」 p.73에서 인용

2. 네트워크 분석 연구대상 선정

김용학(2003a)은 완전 연결망 측면에서 SNA가 학교의 학급과 같이 경계선이 뚜렷한 집단에 대한 조사에 가장 적합하다고 하였다. 네트워크 자료는 n명의 행위자들 사이의 직접적인 상호작용을 나타내는 (n×n) 행렬을 구하는 것이 가장 좋은 자료인데 왜냐하면 응답자가 선택할 대상이 뚜렷하게 한정되어 있을 경우에 SNA의 결과가 명확하게 나올 수 있기 때문이다. 본 연구에서는 지속적인 관계를 맺고 있는 모 중학교

한 학급을 한 단위의 community로 선정하고 SNA를 실시하였다. 한 학급을 community로 설정할 경우 네트워크 경계가 뚜렷하며 실제로 학기 초에 잘 모르던 Actor[6]들이 학급이라는 경계선이 뚜렷한 community에서 일상적 관계를 통해 지속적인 일상생활에서의 대인 네트워크 형성을 살펴볼 수 있기 때문에 본 연구에 좋은 분석대상으로 판단된다.

3. 네트워크 분석과정의 개념적 흐름도 (conceptual framework)

본 연구에서 네트워크 분석과정의 개념적 흐름은 <그림 8>과 같다. 이러한 개념적 흐름은 이론적 배경을 근거로 작성이 되었다. 한 그룹에서 각 개인은 타인과 지속적인 관계를 맺을 것이며 이러한 관계로부터 자연스럽게 파당이 형성될 것으로 보인다. 각 개인은 Louch(2000)가 말했듯이 37명 모두와의 접촉을 유발하지는 않을 것이며 Feld(1982)가 말한 것처럼 비슷한 사람끼리 파당을 형성하면서 대인 관계를 유지해 나갈 것으로 판단된다. 타인과의 지속적인 네트워크 관계는 그룹 속에서 각 개인에게 보이지 않는 위치를 자연스럽게 형성할 것으로 보인다. 이러한 일련의 과정을 SNA의 중심성과 파당분석을 통해 가시화하고 추후 질적 면접을 실시한다. 즉, 중심성이 높은 상위구조와 하위구조를 갖는 Actor들에 대해 각각 개별 인터뷰를 실시하고 응집력

---

6) 연구대상 학생 개인을 지칭하는 말을 지금부터 Actor로 명명하기로 한다.

이 가장 강한 파당과 가장 약한 파당에 대해서 각각 집단 인터뷰를 통해 대인 네트워크 구조가 여가행위에 미치는 영향을 고찰하고자 한다. 이러한 일련의 과정을 검증하기 위해 먼저 자기가 평소 좋아하는 사람 3명을 설문지에 쓰게 하고 이를 바탕으로 사회 네트워크 계량화 프로그램인 Netminer II를 이용하여 SNA를 실시하였다.

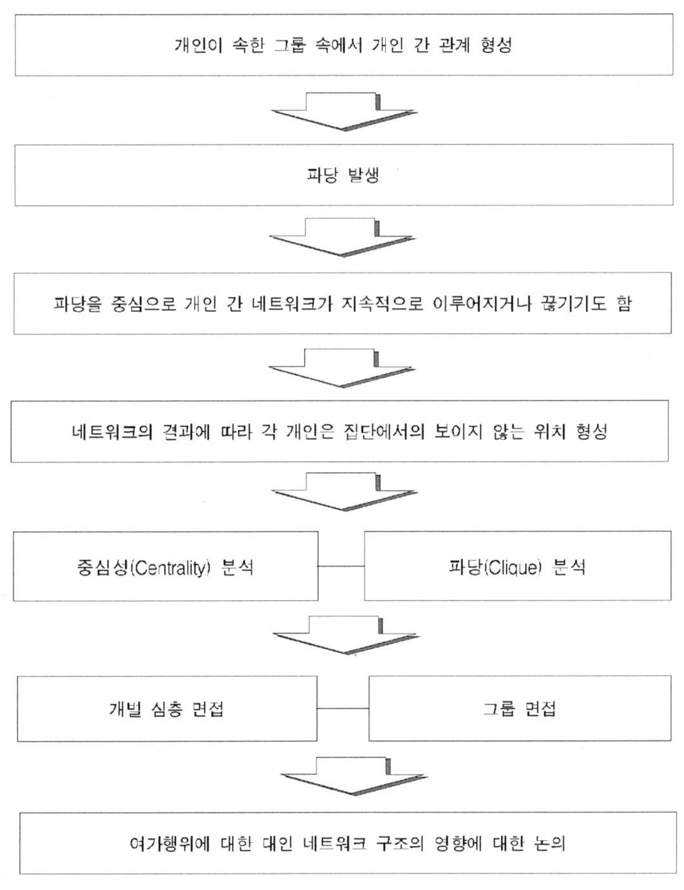

〈그림 8〉 네트워크 분석의 개념적 흐름도(Conceptual framework)

4. 연구조사 실시 및 인터뷰의 틀

질적 연구는 복잡한 현상을 최대한 있는 그대로 파악하려는 접근방법으로 제한된 맥락 내에서 가설을 검증하려는 양적 연구와는 달리 새로운 지식이나 이질적인 현상을 발견하고 해석하는 데 강점을 가질 수 있다(조용환, 1999). 특히 심층인터뷰는 연구자와 연구참여자 사이의 상호작용을 뜻하고, 연구자가 대화를 위해 일반적인 방향을 설정하고 연구참여자에 의해 제기되는 구체적인 주제를 따라잡는 대화를 말한다(Babbie, 2002). 여가연구에 있어서 질적 방법은 한 개인의 여가행위를 깊이 있고 상세하게 연구할 수 있다는 장점 때문에 최근 양적 연구보다는 질적 연구로의 전환이 이루어지고 있다. 또한 양적 방법과 질적 방법에 대한 서로의 단점을 보완하기 위해 두 가지 방법을 이용한 연구방법이 제안되기도 한다. 본 연구는 현상학적 인식론의 연구방법을 채택하였지만 Actor들의 네트워크 분석과 연구대상 community의 전체 Actor들에 대한 여가유형패턴을 파악하기 위해 설문지를 통한 양적 방법을 제한적으로 사용하였다.

SNA에 있어서 처음에는 Actor들이 좋아하는 대상을 제한하지 않고 SNA를 실시하였다. 그 결과 네트워크 관계가 너무 복잡하고 너무 많은 파당이 발생하여 현실적으로 분석하기에는 어려움이 있었다. 따라서 각자 좋아하는 Actor들 중 세 명으로 제한하고 SNA를 실시하였다.

<그림 9>는 본 연구의 진행과정을 도식화한 것이다. 설문조사는 2005년 9월 10일에 수행하였고 네트워크 분석결과를 바탕으로 한 개별면접은 2005년 9월 12일부터 16일까지 수행하였다. 또한 파당분석을 바탕으로 한 집단면접은 9월 20일과 21일 이틀 간 수행하였다.

〈그림 9〉 연구조사의 진행

　　면접을 계획하고 수행하는 절차는 큰 문제로부터 작은 문제로, 가능한 화제와 질문 그리고 면접 가이드라인과 표준화된 질문 및 항목 순으로 이루어진다. 그리고 각 단계에서 점검을 수행하여 보완 수정하는 절차를 따른다(<그림 10> 참고).

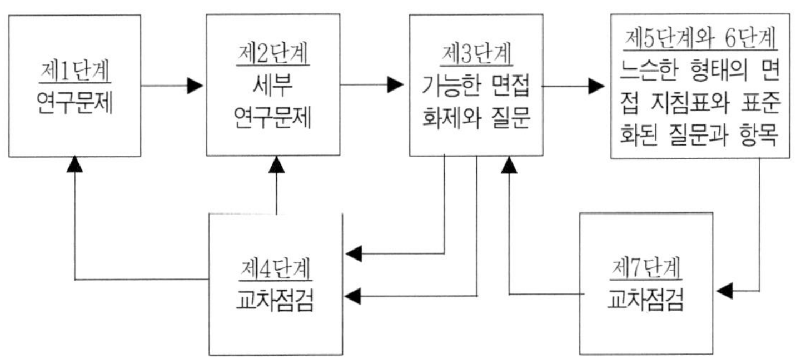

〈그림 10〉 질적 면접을 위한 기획과 준비과정의 개관

출처: 제니퍼 메이슨(1999) 「질적 연구방법론」 p.87

　　<그림 10>을 바탕으로 <그림 11>에서는 본 연구의 질적 면접 흐름을 각 단계별로 제시하였다. 먼저 제1단계에서는 '대인 네트워크 구조가 여가행위에 어떤 영향을 미치는가'라는 본 연구의 목적에 해당하는 연구문제를 제시하였고, 제2단계에서는 이러한 연구문제에 대한 세 가지 세부 연구문제들을 제시하였다. 제3단계에서는 세 가지 문제

들에 대해서 면접을 통하여 적절한 내용을 얻어낼 수 있는 방법과 질
문유형을 제시하였다. 이는 연구자가 탐구하고자 하는 크고 작은 문
제들을 면접의 화제로 전환시키고, 면접에서 사용할 질문들의 내용과
형태를 만들어냄을 의미한다(Mason, 1999). 제4단계에서는 1단계에서
제시된 대인 네트워크 구조가 여가행위에 미치는 영향에 대한 문제와
세부연구문제, 그리고 이를 규명하기 위한 면접의 화제와 구체적인
질문들이 작성되었는가를 서로 교차시켜 확인하였다. 제5단계에서는
실제 면접 시 질문할 수 있는 질문유형을 제시하였다. 제7단계에서는
지금까지의 모든 과정을 교차 점검하였다. 이러한 일련의 과정은
Mason(1999)의 책을 참고하였다. <그림 11>은 본 연구의 질적 면접
기획과 과정에 대한 흐름을 도식화한 것이다.

〈그림 11〉본 연구의 질적 면접 기획과 과정

제1단계: 커다란 연구문제
☐ 대인 네트워크 구조가 여가행위에 어떤 영향을 미치는가?

제2단계: 작은 연구 문제
☐ 중심성에 따라 일과 여가에 대한 인식의 차이가 있을 것인가? ☐ 중심성, 파당의 응집력은 여가행위에 영향을 미칠 것인가? ☐ 여가행위에 대한 내적 요인과 대인 요인은 상호 관련성이 있는가?

제3단계: 질문유형

	방 식	질문유형
개별인터뷰	1. 네트워크 구조분석을 통해 중심성이 비교적 높은 Actor들과 비교적 낮은 Actor들을 상대로 실시	☐ 공부(일)와 여가는 같은 것인가, 다른 것인가? ☐ 일상적 관계 ☐ 여가활동 유형 ☐ 여가참여의도 형성 등
집단인터뷰	2. 파당분석을 통해 파당 중 가장 응집력이 강한 파당과 가장 약한 파당을 대상으로 실시	☐ 여가활동을 같이 하는가? ☐ 여가참여의도 형성

제4단계: 교차점검
☐ 대인 네트워크 구조가 여가행위에 미치는 영향이라는 큰 문제를 3개의 작은 연구문제로 나누고 네트워크 분석을 통해 나타난 결과를 바탕으로 개별인터뷰와 집단인터뷰의 질문유형들이 세 가지 연구문제에 해당하는 화제와 구체적인 질문들로 알맞게 작성되었는가를 서로 교차시켜 확인하였음.

제5단계와 6단계: 질문유형

개별인터뷰	☐ 공부하는 것이 재미있어요, 여가활동을 하는 것이 재미있어요? ☐ 공부하는 거랑 여가활동하는 거랑 같은 것이라고 생각하세요, 아니면 다른 것이라고 생각하세요? ☐ 아침 독서의 시간에는 누구랑 책을 같이 보죠? ☐ 학교에서 주로 누구하고 말을 많이 하죠? ☐ 점심은 누구와 자주 먹나요? ☐ 학교가 끝나고 주로 친구들과 무엇을 하나요? ☐ 주로 남는 시간에는 무엇을 하시나요? ☐ 친구들과 자주 놀러 가자고 하나요?
집단인터뷰	☐ 학교에서 생활은 주로 누구와 같이 하죠? ☐ 서로 자주 놀러 가나요? ☐ 누가 자주 놀러 가자고 하나요?

제7단계: 교차점검
☐ 면접표와 표준화된 질문 및 항목들이 가능한 모든 주제와 질문들을 적절하고 충분하게 포괄하고 있는가를 교차시켜 확인하였음.

5. 연구과제(Research Question) 제시

본 연구에서는 이론적 배경을 통해 세 가지 연구과제를 제시하였다.

5.1 대인 네트워크 구조에 따른 여가인식
(분할과 통합)에는 차이가 있는가?

이론적 배경에서 Parker(1995)는 일과 여가의 주된 관계 유형을 확장유형, 대립유형, 중립유형으로 나누어 제시하였다. SNA 결과에서 상위구조인 경우 일과 여가의 관계를 어떻게 인식할 것인가? 또한 하위구조인 경우에는 일과 여가의 관계를 어떻게 인식할 것인가? 이러한 연구문제에 대해서 중심성 분석결과와 이에 따른 심층인터뷰를 통해 논의하고자 한다.

5.2 중심성과 파당의 응집력은 Actor의
여가행위에 영향을 미치는가?

SNA의 결과로 제시되는 중심성 지수와 파당에서의 Actor 간의 강한 응집력은 여가행위에 어떤 영향을 줄 것인가? 과연 일상생활에서의 주변 Actor들과의 친밀한 관계는 여가행위로 연결이 될 것인가? 아래 <그림 12>는 이러한 연구과제를 수식으로 제시한 것이다. <그림 12>에서는 Actor의 개별적 속성(Attribute of Actor: AA)을 i와 j로 나누어 제시하였다. $(AA_i * AA_j)$는 i와 j의 속성을 가진 Actor들의 관계를 나타낸다. 이러한 관계를 중심성과 파당의 응집력이라는 함수 f를 통해 가시화한 것이 SNS(Social Network Structure)라고 할 수 있는데, 이것은 개별 속성인 i와 j의 관계 속성의 결과라고 할 수 있다. 화살표는 SNS가 ILB(Individual Leisure Behavior)에 미치는 영향을 표시한 것이다.

〈그림 12〉 대인 네트워크 구조가 여가행위에 미치는 영향에 대한 연구모형

$$f\left(\sum_{i=1}^{n} \sum_{j=1}^{m} (AA_i * AA_j) \right) = SNS_{ij} \rightarrow ILB$$

ILB: Individual Leisure Behavior
SNS: Social Network Structure
f: Centrality and Cohesion of Clique
AA: Attribute of Actor

이 연구문제에 대해서는 SNA의 중심성 지수를 통해 Actor들의 위치를 파악하고 파당분석을 한 후 이를 바탕으로 실시한 심층인터뷰와 그룹인터뷰를 통해 논의하고자 한다.

5.3 여가행위에 있어서 내적 요인과 대인 요인은 서로 관계가 있는 것인가?

본 연구에서는 기존 여가제약모형에 대한 비판적 측면에서 제시되고 있는 내적 제약과 대인 제약의 위계문제와 더불어 상호간의 관계

가 강한 것으로 나타나는 내적 요인과 대인 요인을 따로 분리하여 측정하는 것이 과연 타당한가에 대한 논의를 하고자 한다. 이 연구문제는 SNA를 통해 나타난 Actor들의 네트워크 구조상의 위치와 이를 바탕으로 한 심층인터뷰 결과를 가지고 논의하고자 한다.

Ⅳ 분석결과

IV

분석결과

본 장에서는 다음과 같은 순서로 연구결과를 서술하고자 한다. 첫째, 본 연구대상인 37명의 Actor들의 여가활동에 대한 기초자료를 분석하였다. 둘째, 37명의 Actor들을 대상으로 네트워크 분석을 실시하였다. 셋째, 네트워크 분석을 통해 심층인터뷰 및 집단 인터뷰의 대상을 선정, 실시한 결과를 서술하였다.

1. 여가행위에 대한 빈도분석 결과

<표 17>은 이론적 배경에서 제시한 여가활동 분류를 바탕으로 하여 Actor 37명을 대상으로 실시한 설문조사 결과이다. 설문조사를 실시한 이유는 SNA 결과를 통한 인터뷰 대상 Actor들의 여가행위와 community에서의 전체 Actor들에 대한 여가행위 유형을 서로 비교하기 위함이다. 분석결과, 가장 많이 하는 여가행위로는 친구와 대화를 나눈다(4.65)[7]로 조사되었고, 음악감상(4.61), TV시청과 라디오 청취(4.50), 영화 및 연극관람(3.88), 가족과의 대화(3.79), 인터넷 채팅 및 community 활동(3.56), 컴퓨터 게임(3.53), 낮잠(3.47), 잡지와 신문을 본다(3.35), 가족과 외식(3.26), 운동 등 건강활동(3.21), 친구 및 친척 집 방문(3.18)의 순으로 조사되었다. 한편 잘 하지 않는 여가행위로는 스포츠 관람(1.24), 교제활동(1.56), 자원봉사활동(1.71), 수집활동(1.79), 창작 및 예술활동(2.00), 동호회 및 동창회 모임(2.03), 박물관·미술관·전시회 방문(2.12), 관광(2.18), 스포츠활동(2.26), 축제와 이벤트 참여(2.41), 독서(2.74), 놀이터 및 공원방문(2.91) 순으로 조사되었다. 전체 37명의 Actor들의 여가활동 조사결과, 스포츠나 관광활동 그리고 축제 참여와 같은 적극적인 여가행위보다는 TV시청이나 컴퓨터, 휴식 등 소극적인 여가행위를 주로 하는 것으로 조사되었다.

---

7) 5점 척도로 측정됨(5: 매우 자주 한다~1: 전혀 하지 않는다)

〈표 17〉 여가활동 분석결과

활동구분	항 목	평 균	표준편차
문화활동	TV시청, 라디오 청취를 한다	4.50	.7487
문화활동	잡지와 신문을 본다	3.35	1.069
문화활동	친구와 대화를 나눈다	4.65	.6911
문화활동	노래방에 가서 노래를 부른다	4.38	.8880
문화활동	CD, MP3 등으로 음악감상을 한다	4.61	.6520
문화활동	컴퓨터(비디오) 게임을 한다	3.53	1.561
문화활동	인터넷 서핑, 채팅, 커뮤니티 활동을 한다.	3.56	1.283
문화활동	집에서 휴식을 취한다	4.30	.9383
문화활동	친구 및 친척집에 놀러 간다	3.18	1.380
문화활동	동호회, 동창회 모임에 나간다	2.03	1.141
문화활동	쇼핑을 한다	3.35	1.228
문화활동	영화 및 연극을 관람한다	3.88	1.121
문화활동	우표 등 수집활동을 한다	1.79	1.295
문화활동	데이트 및 교제활동을 한다	1.56	1.050
문화활동	놀이터 및 공원을 방문한다	2.91	1.264
문화활동	산보, 산책을 한다	2.88	1.343
문화활동	장기, 바둑 등을 둔다	1.82	1.266
문화활동	가족(부모님, 형제)과 서로 대화를 나눈다	3.79	1.200
문화활동	가족과 외식을 한다	3.27	1.238
문화활동	박물관, 미술관, 전시회를 방문한다	2.12	1.094
관광활동	관광(1박 이상의 숙박)을 한다	2.18	1.336
스포츠활동	경기장에 가서 스포츠 관람을 한다(프로야구, 농구 등)	1.24	.4959
스포츠활동	각종 스포츠활동을 한다(검도, 자전거, 테니스 등)	2.26	1.163
문화활동	독서를 한다	2.74	1.287
관광활동	등산, 피크닉(소풍) 등의 당일 여행을 한다	2.35	1.276
문화활동	자원봉사활동을 한다	1.71	.7590
문화활동	창작, 예술, 공작활동을 한다	2.00	1.180
관광활동	축제와 이벤트 등 문화관광행사에 참여한다	2.41	1.158
문화활동	낮잠을 잔다	3.47	1.310
스포츠활동	운동, 헬스, 댄스 등의 건강활동을 한다	3.21	1.321

주) 5점 척도 임(5: 매우 자주 한다~1: 전혀 하지 않는다)

2. 네트워크 분석 및 결과

〈표 18〉 관계 Matrix

Act-ors	1	2	3	4	5	6	7	8	9	10	11	12	13	14	15	16	17	18	19	20	21	22	23	24	25	26	27	28	29	30	31	32	33	34	35	36	37
1	0	0	0	0	1	0	1	0	0	0	0	1	0	0	0	0	0	0	0	0	0	0	0	0	0	0	0	0	0	0	0	0	0	0	0	0	0
2	0	0	0	0	0	0	0	0	0	0	0	0	0	0	0	0	1	0	0	0	0	0	0	0	1	0	1	0	0	0	0	0	0	0	0	0	0
3	0	0	0	0	0	0	0	0	0	0	0	0	0	0	0	1	0	0	1	0	0	0	0	0	0	0	0	0	0	0	0	0	1	0	0	0	0
4	0	1	0	0	0	0	0	0	0	0	0	0	0	0	0	0	1	0	0	0	0	0	0	0	1	0	0	0	0	0	0	0	0	0	0	0	0
5	1	0	0	0	0	0	1	0	0	0	0	1	0	0	0	0	0	0	0	0	0	0	0	0	0	0	0	0	0	0	0	0	0	0	0	0	0
6	0	0	0	0	0	0	0	0	0	0	0	0	0	0	1	0	0	0	0	0	0	0	1	0	1	0	0	0	0	0	0	0	0	0	0	0	0
7	1	0	0	0	0	0	0	0	0	0	1	1	0	0	0	0	0	0	0	0	0	0	0	0	0	0	0	0	0	0	0	0	0	0	0	0	0
8	0	1	0	0	0	0	0	0	0	0	0	0	0	0	0	0	1	0	0	0	0	0	0	0	0	0	0	0	0	1	0	0	0	0	0	0	0
9	0	0	0	0	0	0	0	0	0	1	0	0	0	1	0	0	0	0	0	0	0	0	0	0	0	0	0	0	0	0	0	0	0	0	0	1	0
10	0	0	0	0	0	0	1	0	0	0	1	0	0	0	0	0	0	0	0	0	0	0	0	0	0	0	0	0	0	0	0	0	0	0	0	1	0
11	0	0	0	0	0	1	0	0	0	0	1	0	0	0	0	0	0	0	0	0	0	0	0	0	0	0	0	0	0	0	1	0	0	0	0	0	0
12	0	0	0	0	0	1	0	1	0	0	0	0	0	0	0	0	0	0	0	1	0	1	1	0	0	0	0	0	0	0	0	0	0	0	0	0	0
13	0	0	0	0	0	0	0	0	0	0	0	0	0	0	0	0	0	0	0	0	0	0	0	0	0	0	0	0	0	0	0	1	0	0	0	0	1
14	0	0	0	0	0	0	0	1	1	0	0	0	0	0	0	0	0	0	0	0	0	0	0	0	0	0	0	0	0	0	0	0	0	0	0	1	0
15	0	0	0	0	0	1	0	0	0	0	0	0	0	0	0	0	0	0	0	0	0	0	0	1	0	1	0	0	0	0	0	0	0	0	0	0	0
16	0	0	1	0	0	0	0	0	0	0	0	0	0	0	0	0	0	0	0	1	0	0	0	0	0	0	0	0	0	0	0	1	0	0	0	0	0
17	0	1	0	0	0	0	0	0	0	0	0	0	0	0	0	0	1	0	0	0	0	0	0	1	0	0	0	0	0	0	0	0	0	0	0	0	0
18	0	0	0	0	0	0	0	0	0	0	0	0	0	0	0	0	0	1	0	0	0	0	0	1	0	0	0	0	0	1	0	0	0	1	0	0	0
19	0	0	1	0	0	0	0	0	0	0	0	0	0	0	0	0	0	1	0	0	0	0	0	0	0	0	0	0	0	0	0	0	0	1	0	0	0
20	0	0	0	0	0	0	0	0	0	0	1	0	0	0	0	0	0	1	0	0	1	0	0	0	0	0	0	0	0	0	0	0	0	0	0	0	0
21	0	0	0	0	0	0	0	0	0	0	0	0	0	0	0	0	1	0	0	0	0	0	0	0	0	1	0	0	0	0	0	0	1	0	0	0	0
22	0	0	0	0	0	0	0	0	0	0	0	1	0	0	0	0	0	0	0	1	0	0	0	0	0	0	0	0	1	0	0	0	0	0	0	0	0
23	0	0	0	0	0	0	0	0	0	0	0	1	0	0	0	0	0	0	0	0	0	0	0	0	0	0	0	0	0	0	1	0	0	0	0	0	1
24	0	0	0	0	0	1	0	0	0	0	0	0	0	0	1	0	0	0	0	0	0	0	0	0	0	1	0	0	0	0	0	0	0	0	0	0	0
25	0	0	0	0	0	0	0	0	0	0	0	0	0	0	0	0	1	0	0	0	0	0	0	0	0	1	0	0	0	0	0	0	0	0	1	0	0
26	0	0	0	0	0	1	0	0	0	0	0	0	0	0	1	0	0	0	0	0	0	0	0	0	1	0	0	0	0	0	0	0	0	0	0	0	0
27	0	1	0	0	0	0	0	0	0	0	0	0	0	0	0	0	0	0	0	0	0	0	0	0	0	0	1	0	0	0	0	0	0	0	0	0	0
28	0	1	0	0	0	0	0	0	0	0	0	0	0	0	0	0	0	0	0	0	0	0	0	0	0	1	0	0	0	0	0	0	0	0	0	0	0
29	0	1	0	0	0	0	0	1	0	0	0	0	0	0	0	0	1	0	0	0	0	0	0	0	0	0	0	0	0	0	0	0	0	0	0	0	0
30	0	0	0	0	0	0	0	0	0	0	0	0	0	0	0	0	1	0	0	0	0	0	0	0	0	1	0	0	0	0	0	0	0	0	1	0	0
31	1	0	0	0	0	0	0	0	0	0	0	1	0	0	0	0	0	1	0	0	0	0	0	0	0	1	0	0	0	0	0	0	0	1	0	0	0
32	0	0	0	0	0	0	0	1	0	0	0	0	0	0	0	0	0	1	0	0	0	0	0	0	0	0	0	0	0	0	0	0	0	0	0	0	1
33	0	0	1	0	0	0	0	0	0	0	0	0	0	0	0	0	0	1	0	0	0	0	1	0	0	0	0	0	0	0	0	0	0	0	0	0	0
34	0	0	0	0	0	0	0	0	0	0	0	0	0	1	0	0	0	0	0	0	0	1	0	0	0	0	0	0	0	0	0	1	0	0	0	0	0
35	0	0	0	0	0	0	0	0	0	0	0	0	0	0	0	0	1	0	0	0	0	0	0	0	0	1	0	0	0	0	1	0	0	0	0	0	0
36	0	0	0	0	0	0	0	0	1	1	0	0	0	1	0	0	0	0	0	0	0	0	0	0	0	0	0	0	0	0	0	0	0	0	0	0	0
37	0	0	0	0	0	0	0	0	0	0	0	0	0	0	0	0	1	0	0	0	0	0	0	0	0	0	0	0	0	0	0	0	1	0	0	1	0

<표 18>에서 제시된 '0'은 관계가 없음을 의미하고, '1'은 서로 관계가 있음을 나타낸다. (i, j) 사이의 관계가 있고 없음을 '1'과 '0'으로 나타내는 행렬을 인접행렬(adjacency matrix)이라고 부르는데, 행렬의 항은 i로부터 j에 이르는 관계를 표현한다(김용학, 2003). 위의 자료를 보면 Actor 1과 Actor 5의 항이 1인데 이는 Actor 1이 Actor 5에 대한 좋아하는 관계를 표현한다고 할 수 있다. 이러한 관계 매트릭스를 바탕으로 네트워크 분석 프로그램인 Net-miner Ⅱ를 이용하여 37명의 Actor들을 대상으로 community 분석을 실시하였다. 그 결과는 아래 <그림 13>과 같다.

<그림 13> 37명의 Actor들에 대한 community 분석결과

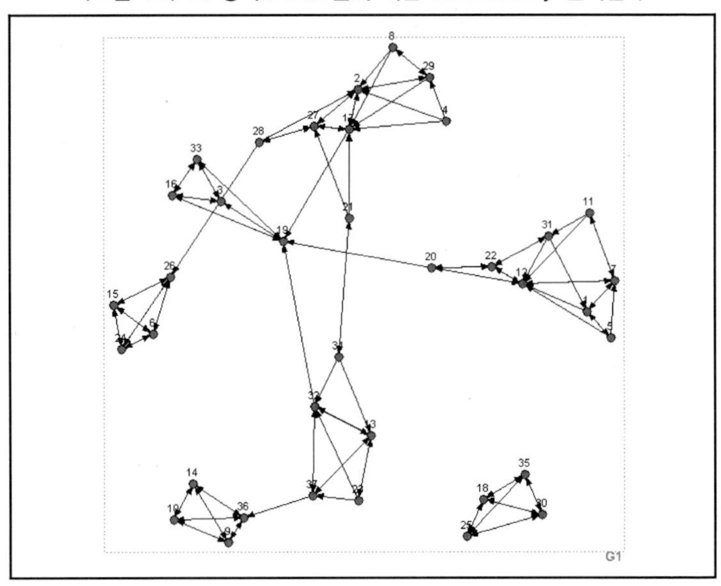

그래프 유형으로는 일반적으로 비방향 그래프(undirected graph), 방

향 그래프(directed graph), 계량 그래프(valued graph)가 사용되는데, 본
연구에서는 방향 그래프(directed graph)를 사용하기로 한다[8]. 방향 그
래프의 연결정도에서는 단순히 관계의 유무뿐만 아니라 관계의 방향이
고려되기 때문에 관계를 받는 것인지 혹은 관계를 주는 것인지를 구분
하여 파악해야 한다. <그림 13>에서 제시된 SNA의 community 분석결
과에서 화살표의 방향은 상대방에 대한 친밀도를 나타내며 양방향 화
살표는 서로에 대한 친밀감을 나타낸다고 할 수 있다. 가령 Actor 34와
21은 서로 화살표를 주고받고 있는데 이는 서로 간에 좋아한다는 사실
을 나타낸다. community 분석결과에서는 각 Actor 간의 거리 또한 제
시되고 있다. 네트워크 분석에서 사용되는 거리란 일반적으로 행위자
들 사이에 연결되는 과정을 말하며, 보통 걸쳐가는 경로의 수로 표현
된다(Wasserman & Faust, 1994). 거리는 두 사람 관계의 친밀도로 이
해하면 된다. 예를 들면, Actor 20과 3은 두 단계를 거치면 만나게 되
지만 Actor 20과 Actor 9의 경우에는 5단계를 거쳐야만 만나는 관계임
으로 그만큼 친밀도가 떨어진다고 할 수 있다.

2.1 중심성 분석결과

다음은 중심성 분석결과이다. 중심성은 연결정도(degree) 중심성, 매
개(betweenness) 중심성 그리고 근접(closeness) 중심성으로 나누어 분
석하였다.

먼저 <표 19>는 연결정도 중심성 분석결과이다. 총Actor 수는 37이

---

8) 왜냐하면 네트워크 분석에서 좋아하는 Actor 3명을 설문지에 쓰게 했기
   때문이다.

며 총연결정도는 111인 조사되었고 네트워크 밀도는 0.083으로 분석되었다. 연결정도 중심성을 시각적으로 나타낸 <그림 14>를 보면 Actor 12가 최상위에 위치해 있으며 Actor 2와 19, 17이 그 다음에 위치해 있음을 알 수 있다. 하위구조9)로는 Actor 4가 최하위에 위치해 있으며 그 다음으로 Actor 34, 5, 8, 11, 21, 23, 28, 34가 하위구조에 위치해 있다는 사실을 알 수 있다. 따라서 연결정도 중심성 분석에서의 최상위구조는 Actor 12이며 최하위구조에 Actor 4가 위치해 있고 나머지 35명의 Actor가 각각의 자리에 위치해 있는 구조라고 할 수 있다.

<그림 14> 연결정도 중심성의 시각화

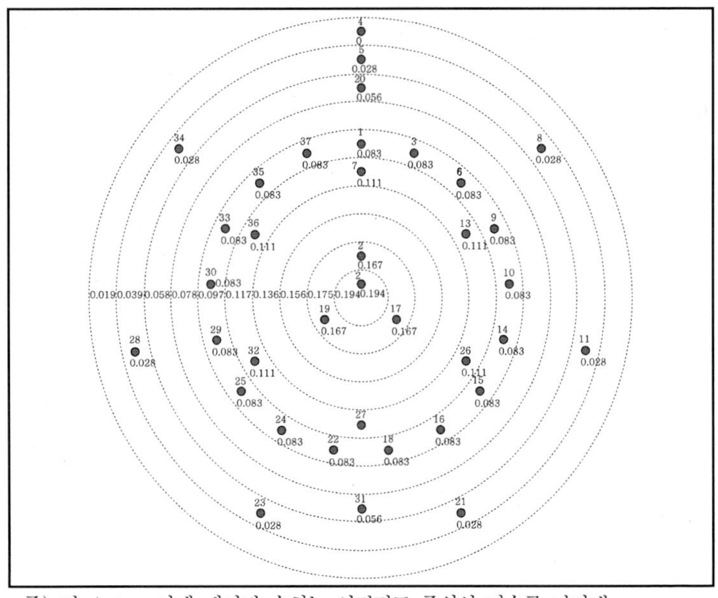

주) 각 Actor 아래 제시된 수치는 연결정도 중심성 지수를 나타냄.

---

9) 본 연구에서 중심성 지수가 높을 경우 상위구조라고 하고 낮을 경우 하위구조라고 한다.

〈표 19〉 연결정도 중심성 결과분석

measure	수 치	
	in-degree	out-degree
평　균	0.083	0.083
표준편차	0.043	0
최　소	0	0.083
최　대	0.194	0.083

<표 20>은 매개 중심성 분석결과이다. 매개 중심성 분석결과를 보면 근접 중심성과 비교해 보았을 때 평균값과 최대값이 상대적으로 낮음을 알 수 있다. 매개 중심성을 시각적으로 나타낸 <그림 15>를 보면 Actor 19가 최상위에 위치에 있으며 Actor 27과 17 그리고 28과 12가 그 다음에 위치해 있음을 알 수 있다. 하위구조에는 많은 Actor들이 있어서 최하위 Actor를 파악하지는 못하였다. 매개 중심성 분석결과에 의하면 본 연구대상의 community는 Actor 19를 중심으로 많은 Actor들이 하위 그룹에 속해 있는 구조를 띠고 있다고 할 수 있다.

〈표 20〉 매개 중심성 결과분석

measures	value
평　균	0.009
표준편차	0.012
최　소	0
최　대	0.05

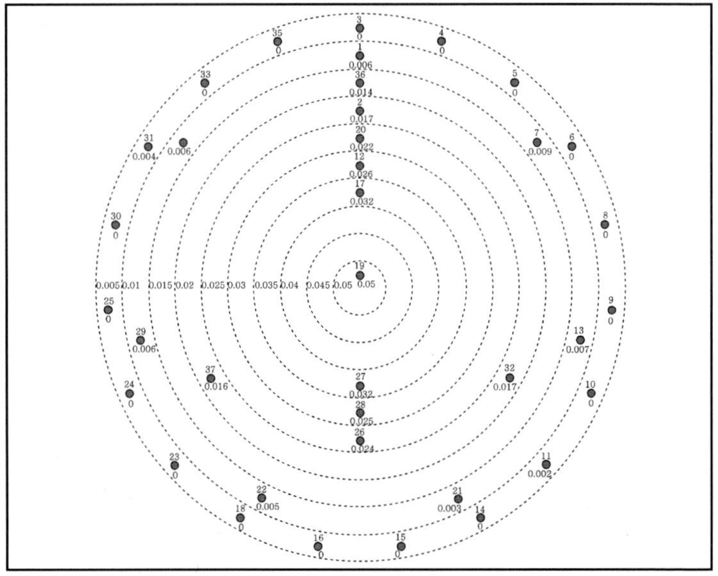

주) 각 Actor 아래 제시된 수치는 매개 중심성 지수를 나타냄.

<표 21>은 근접 중심성 분석결과이다. 근접 중심성을 시각적으로 나타낸 <그림 16>을 보면 Actor 19가 최상위에 위치에 있으며 Actor 33과 16, 3이 그 다음에 위치해 있음을 알 수 있다. 하위구조로는 Actor 4의 근접 중심성 값이 '0'으로 Actor 간의 친밀도가 가장 떨어지는 것으로 조사되었으며, 그 다음으로 Actor 21, 34가 최하위구조에 위치해 있다는 사실을 알 수 있다. 따라서 근접 중심성의 최상위구조는 Actor 19이며 최하위구조에는 Actor 4가 위치해 있고 나머지 35명의 Actor가 각각의 자리에 위치해 있는 구조라고 할 수 있다.

〈표 21〉 근접 중심성 분석결과

measures	value	
	in-degree	out-degree
평　균	0.118	0.118
표준편차	0.062	0.035
최　소	0	0.083
최　대	0.333	0.213

〈그림 16〉 근접 중심성의 시각화

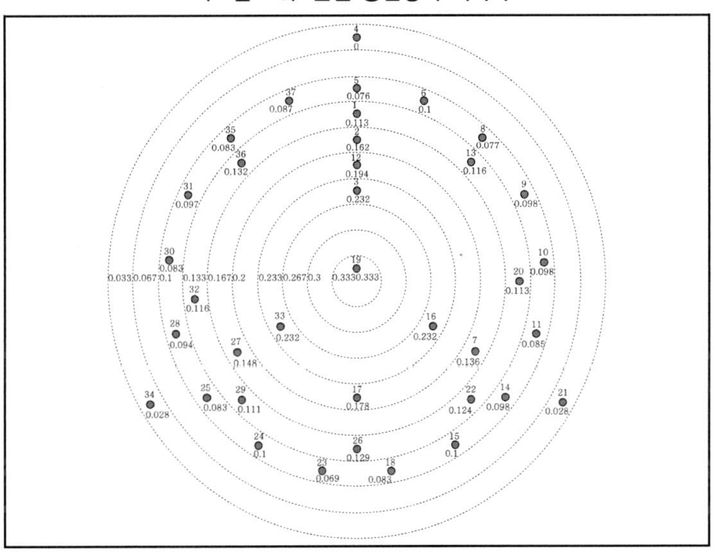

주) 각 Actor 아래 제시된 수치는 근접 중심성 지수를 나타냄.

　　지금까지 세 가지 중심성의 분석결과를 서술하였다. 중심성 분석결과를 정리하면 다음과 같다. Actor 37명의 일상적인 관계 속에서의 구조적 위치는 Actor 19를 중심으로 각 Actor들이 각자의 위치를 갖고 있는 형태로 되어 있다고 할 수 있다. 또한 Actor 4가 community 내에서 제일 바깥쪽에 위치해 있다는 사실을 근접 중심성과 연결정도 중심성의 결과를 통해 파악할 수 있었다. 네트워크 분석을 통해 Actor 19, 12, 17 등이 연구대상 community에서 비교적 영향력 있는 Actor로 분석된 반면에 Actor 4, 34, 21 등이 비교적 영향력이 없는 Actor로 분석되었다. 대부분의 실증 분석에서 중심성이 높은 개인은 특별한 사회·경제적 지위를 갖는 사람이고, 조직의 경우에도 중심성이 높을수록 생존율이 높거나 기업성과가 좋다고 하였다(김용학, 2003a). <표 22>는 지금까지의 중심성 값을 종합해 나타낸 표이다.

<표 22> 중심성 분석결과 정리

Actor	IN-DEGREE	OUT DEGREE	BETWEEN NESS	IN-CLOSENESS	OUT-CLOSENESS
1	0.083	0.083	0.006	0.113	0.124
2	0.167	0.083	0.017	0.162	0.142
3	0.083	0.083	0	0.232	0.083
4	0	0.083	0	0	0.136
5	0.028	0.083	0	0.076	0.124
6	0.083	0.083	0	0.1	0.083
7	0.111	0.083	0.009	0.136	0.129
8	0.028	0.083	0	0.077	0.124
9	0.083	0.083	0	0.098	0.083
10	0.083	0.083	0	0.098	0.083
11	0.028	0.083	0.002	0.085	0.124
12	0.194	0.083	0.026	0.194	0.146
13	0.111	0.083	0.007	0.116	0.134
14	0.083	0.083	0	0.098	0.083
15	0.083	0.083	0	0.1	0.083
16	0.083	0.083	0	0.232	0.083
17	0.167	0.083	0.032	0.178	0.151

Actor	IN-DEGREE	OUT DEGREE	BETWEEN NESS	IN-CLOSENESS	OUT-CLOSENESS
18	0.083	0.083	0	0.083	0.083
19	0.167	0.083	0.05	0.333	0.083
20	0.056	0.083	0.022	0.113	0.146
21	0.028	0.083	0.008	0.028	0.213
22	0.083	0.083	0.005	0.124	0.14
23	0.028	0.083	0	0.069	0.134
24	0.083	0.083	0	0.1	0.083
25	0.083	0.083	0	0.083	0.083
26	0.111	0.083	0.021	0.129	0.083
27	0.111	0.083	0.032	0.148	0.156
28	0.028	0.083	0.025	0.094	0.151
29	0.083	0.083	0.006	0.111	0.124
30	0.083	0.083	0	0.083	0.083
31	0.056	0.083	0.004	0.097	0.124
32	0.111	0.083	0.017	0.116	0.153
33	0.083	0.083	0	0.232	0.083
34	0.028	0.083	0.006	0.028	0.207
35	0.083	0.083	0	0.083	0.083
36	0.111	0.083	0.014	0.132	0.083
37	0.083	0.083	0.016	0.087	0.153

2.2 파당분석결과

다음은 파당분석결과이다. 파당의 최소 크기(minimum size of clan)를 3으로 지정한 n-클랜 방식을 통해 파당분석을 한 결과는 <표 23>이며 각 파당들을 시각화한 것은 <그림 17>과 같다. 37개의 Actor

를 대상으로 한 아래 파당분석결과의 시각화를 보면 총 12개의 파당으로 나눠짐을 알 수 있다(<그림 17> 참고). Stokowski(1994)는 하나의 그룹은 확장된 네트워크 관계(extended networks of relationships) 속에서 하위 집단(local clusters)들이 강하게 연결된 형태를 띤다고 하였다. 따라서 <그림 17>을 보면 연구대상인 community는 12개의 파당을 중심으로 확장된 네트워크 관계로 구성되어 있다고 할 수 있다.

<그림 17> 파당의 시각화

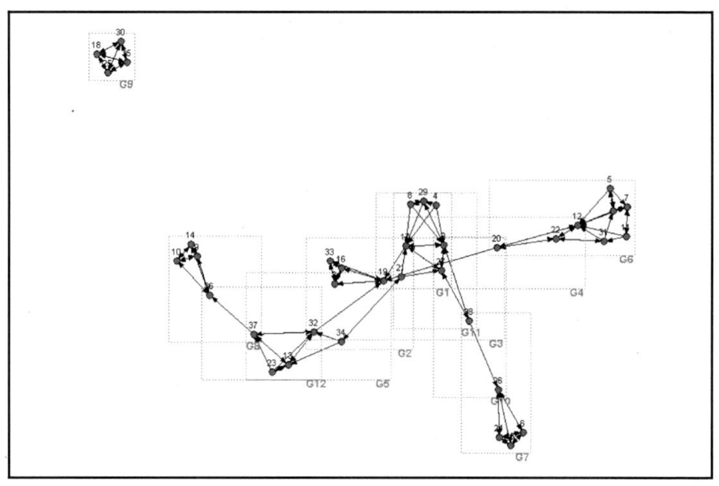

<표 23>의 자료를 보면 G1, G6 그리고 G11의 크기가 8로 가장 큰 파당으로 조사되었고, 파당의 멤버들 간의 밀도는 G9가 1로 나타나 Actor 간의 아주 강한 밀도를 나타내었다. 멤버 상호간의 친밀도를 나타내는 응집력은 G9가 가장 높게 조사되었고 G6 또한 강한 응집력을 갖고 있음을 알 수 있다. 하지만 G2의 경우에는 응집력 지수가 5.714로 나타나 파당 중 가장 낮은 수치를 보였으며 G3(응집력 지수=7.5),

G4(응집력 지수=8), G10(응집력 지수=9.778)의 순으로 조사되었다. 정리하면 G9가 밀도와 응집력 지수에서 가장 높은 수치를 나타낸 반면 G2는 밀도와 응집력 지수가 가장 낮게 조사되었다.

<표 23> 파당분석결과

N-CLAN	MEMBERS	SIZE	DENSITY	COHESION INDEX
G1	19, 17, 21, 27, 8, 2, 4, 29	8	0.5	14.5
G2	19, 17, 21, 32, 34	5	0.5	5.714
G3	19, 17, 16, 20, 3, 32, 33	7	0.429	7.5
G4	19, 12, 20, 22	4	0.667	8
G5	19, 13, 32, 34, 23, 37	6	0.6	15.943
G6	5, 7, 11, 12, 1, 20, 22, 31	8	0.536	124.286
G7	6, 15, 24, 26, 28	5	0.7	56
G8	9, 10, 14, 36, 37	5	0.7	37.333
G9	18, 25, 30, 35	4	1	∞
G10	26, 2, 27, 28	4	0.667	9.778
G11	28, 17, 4, 21, 8, 27, 2, 29	8	0.536	41.429
G12	36, 23, 13, 32, 37	5	0.7	18.667

<표 24>는 지금까지의 분석결과를 정리한 것이다. 중심성 분석 조사결과 상위구조로 파악된 Actor는 19, 12, 17이었고, 하위구조에 위치한 Actor들은 4, 21, 34로 조사되었다. 또한 파당분석결과 응집력이 가장 큰 파당은 G9로 조사된 반면에 응집력이 가장 약한 파당은 G2로 조사되었다. 다음 장에서는 중심성 분석결과에 따른 개별 인터뷰와 파당분석결과에 따른 그룹 인터뷰 결과를 제시하였다.

<표 24> 네트워크 구조분석의 결과 요약 및 질적 연구방법

네트워크 구조의 개념	세부구조	Actor	연구방법
중심성	중심구조	19, 12, 17	개별인터뷰
	하위구조	4, 21, 34	
파 당	응집력이 강한 파당	G9: 18, 25, 30, 35	집단인터뷰
	응집력이 약한 파당	G2: 19, 17, 21, 32, 34	

3. 질적 면접결과

본 연구에서는 여가행위에 대한 대인 네트워크 구조의 영향을 분석하기 위해 질적 면접을 실시하였다. 통상적으로 질적 면접은 심층적(in-depth)이고, 반구조화된(semi-structured), 또는 느슨하게 구조화된(loosely structured) 형태의 면접을 지칭하는 용어이다(Mason, 1999). 본 연구의 면접 과정을 간단히 살펴보면 우선 중심성이 가장 높은 3명의 Actor들과 중심성이 가장 낮은 3명의 Actor들을 대상으로 p.47의 <그림 11>에 제시된 질문 유형을 피면접자에게 질문하였다. 면접은 한 Actor당 평균 30분 정도 진행되었으며, 녹음을 통해 얻은 자료는 글의 형태로 옮겨 적어 분석자료로 활용하였다. 또한 집단면접은 파당 G9와 G2를 대상으로 30분씩 수행하였고 개별면접과 마찬가지로 녹음을 통해 글의 형태로 옮겨 사용하였다. 면접을 통해 자료를 추출하는 방법은 직설적(literal sense) 방법과 해석적(interpretive sense) 방법 그리고 반향적(reflexive sense) 방법이 있다(Mason, 1999). 면접기록을 가지고 작업을 할 경우에 연구자는 사용된 단어와 어휘, 상호작용의 순서, 대화의 형식과 구조 그리고 서술된 내용에 주의를 기울여야 하며(Mason, 1999), 직설적인 판독이 가능하건 아니건 간에 연구자는 자신의 자료를 가지고 어느 정도의 해석적(interpretive) 판독을 할 것인가를 고려해야 한다. 또한 녹음내용을 기록으로 옮기는 데 있어서 중요한 것은 기본적인 규칙들을 정하고 그러한 규칙들을 지속적으로 지키는 것이다(Padgett, 2001). 본 연구에서는 웃음소리를 '(웃음)'으로 표기하고 말이 없이 진행되는 것을 '(침묵)'으로 표기하였고 중간에 대화내용을 생략할 경우 '(중략)'이라고 표기하였다. 면접 자료는 1) 네트워크 구조와 여가인식: 분할과 통합, 2) 중심성이 여가행위에 미치는 영향, 3) 파당의 응집력이 여가행위에 미치는 영향의 총 세 가지 범주로 구분하여 살펴보았다.

3.1 네트워크 구조와 여가인식: 분할과 통합

그룹 속에서 중심 구조에 위치한 Actor 19, 17과 하위구조에 위치한 4, 34, 21을 대상으로 개별인터뷰를 통해 네트워크 구조와 여가인식(분할과 통합)에 대한 관계를 분석해 보았다. 우선 상위구조에 위치한 Actor 19와 17의 심층인터뷰 결과이다.

> **음……공부와 여가는 비슷하다고 생각해요. 즐길 수만 있다면 학교생활도 여가라고 생각해요.** 여가활동을 열심히 하면 공부 말고 다른 재능을 키울 수 있으니 그만큼 큰 영향을 끼친다고 생각해요. **요즘 검도를 하고 있는데 잘 가지는 못해요(웃음).** TV랑 인터넷은 많이 하고 운동은 친구들과 줄넘기 많이 해요 (웃음). …… 〈Actor 19의 심층인터뷰 내용〉

Actor 19의 경우 일과 여가에 대한 통합적 인식이 강함을 알 수 있다. 즉, 일이라고 할 수 있는 학교생활과 여가활동에 대한 구분이 명확하지 않음을 알 수 있다. 네트워크 구조상 같은 위치에 있다고 판단되는 Actor 17의 인터뷰 내용 또한 비슷한 결과를 보였다.

여가와 공부는 같은 거라고 생각해요……여가를 통해서 좋은 경험을 할 수 있어서 공부와 여가는 다르다고 생각하지 않아요. 학교에서 못 배운 것들을 여가활동을 통해서 배울 수 있어서요……수업시간에 배웠는데도 잘 이해가 안 가는 것을 여가시간에서 자신이 직접 해서 호기심이 해결될 수도 있죠(웃음). 학교에서의 경험이 여가활동에서의 경험보다 더 좋은 것 같아요. 다른 애들이랑 하는 대화나 놀이를 통해서 자신이 미처 생각하지 못했던 것들을 친구로부터 배울 수 있어요 상식이나 정보……(웃음).〈Actor 17의 심층인터뷰 내용〉

Actor 17의 경우에는 오히려 학교에서의 경험이 여가에서의 경험보다 더 좋다고 응답하여 여가와 공부(일)에 대한 통합적 인식이 강함을 알 수 있다.

다음은 community에서 대인 네트워크의 하위구조로 조사된 Actor 4, 34, 그리고 21에 대한 인터뷰 결과이다. Actor 34에게는 일과 여가의 분할 인식이 극명히 드러난다. 공부를 일이라고 생각하고 공부(일)에서의 스트레스를 여가행위로 해결하고 있어 여가와 공부(일)는 분할된 것이라고 인식하고 있음을 알 수 있다.

여가는 휴식이나 회복활동을 위해 필요한 것이라고 생각을 해요. 공부하다가 스트레스받으면 여가활동을 하죠, 뭐 게임이나 운동 같은 거요……(웃음). 학원 가고 공부를 해야 하니까 다른 여가활동을 잘 하지는 못해요. 마땅히 할 사람도 없고, 그냥 각자 노는 거죠 뭐 시간이 다 안 맞으니……(웃음).〈Actor 34의 심층인터뷰 내용〉

Actor 21의 경우에도 공부와 여가가 극명히 분리되어 있음을 알 수 있다. 즉, 여가가 공부로 인한 스트레스를 풀어주는 역할을 한다는 인식을 강하게 하고 있음을 알 수 있다.

> **여가는 공부와 당연히 다르죠! 공부는 의무고 여가는 필수사항이 아니잖아요.** 공부는 짜증나죠. 하기 싫어요(웃음). ……**공부하고선 눈이 아프거나 피곤할 때 쉬는 것이 여가활동 아닌가요?** …… 〈Actor 21의 심층인터뷰 내용〉

하지만 Actor 4의 경우에는 Actor 34와 21과는 다른 결과를 보이고 있다. 즉 Actor 34, 21과 함께 전체 네트워크 구조에서 하위에 있음에도 불구하고 공부(일)와 여가가 같은 것이라고 하고 있다. Actor 4의 경우 여가유형으로 애니메이션 그리기를 주로 하는 것으로 조사되었는데 애니메이션 그리기와 공부(일)를 성격상 같은 것이라고 생각하고 있었다. Actor 4의 여가행위는 Stebbins(2002)이 말한 것처럼 지식, 경험을 얻기 위해 참여하는 진지한 여가(serious leisure) 측면이 강한 것으로 해석된다.

> **여가와 공부는 같다고 생각해요.** 일러스트 같은 것도 다른 사람이 보면 단순한 취미라고 생각할 수도 있는데 적어도 저에게는 그것이 공부와 같은 것이거든요. **공부는 뭔가를 배우는 것이라고 할 수 있는데 일러스트 역시 더욱 나은 그림을 그리는 방법을 알기 위해서 꾸준히 배우는 거라서 서로 비슷하다고 생각해요.** …… 〈Actor 4의 심층인터뷰 내용〉

요약하면 그룹에서 중심성이 강한 Actor 19와 17의 경우에는 여가와 공부(일)에 대한 통합적 인식이 강한 것으로 조사되었고, 중심성이 매우 약한 Actor 34와 21의 경우에는 여가를 공부(일)로부터의 스트레스를 풀기 위한 일련의 활동으로 인식하여 여가와 공부(일)가 분리된 것으로 생각하고 있음을 알 수 있었다. 하지만 Actor 4의 경우에는 중심성이 가장 낮았지만 공부(일)와 여가를 같은 것이라고 인식하고 있어 대인 네트워크 구조에서 하위에 있는 경우 일과 여가를 항상 분리된 것으로 인식하지는 않는 것으로 조사되었다.

Findings 1

1.1 대인 네트워크 구조에 있어서 중심 구조에 위치한 Actor의 경우에는 일과 여가에 대한 통합 인식이 강한 반면, 하위구조에 위치한 Actor의 경우에는 일과 여가에 대한 분할 인식을 하는 경향이 나타났디.

1.2 그러나 대인 네트워크에서 하위구조에 위치한 Actor 4의 경우에는 여가와 일에 대한 통합 인식이 강한 것으로 조사되었다. 이는 여가행위에 대한 적극적인 경험이 오히려 일에 긍정적인 영향을 준 것으로 해석된다.

3.2 중심성이 여가행위에 미치는 영향

연구대상 community에서 대인 네트워크 구조가 여가행위에 미치는 영향을 파악하기 위해 중심성 분석결과를 바탕으로 심층인터뷰를 실시하였다. 먼저 중심성이 높은 Actor 19, 17 그리고 중심성이 약한 Actor 4, 34에 대해서 개별 심층인터뷰를 실시하였다. 인터뷰의 내용은 1) 일상적 관계, 2) 일상생활에서의 여가참여의도 형성, 3) 대인과의 여가참여로 분류하고 네 명의 Actor들의 인터뷰 내용을 서로 비교하는 방식으로 서술한다.

3.2.1 일상적 관계

일상적 관계를 파악하기 위한 심층인터뷰 내용을 보면 그룹에서의 각 위치에 따라 대인 관계에 차이가 있음을 알 수 있다. 아래 인터뷰 결과에서 Actor 19는 Actor 33과 16 그리고 3과 일상적인 관계를 유지하는 것으로 분석되며 이들과 일상적 관계를 맺고 있다는 것은 community 분석결과에서도 알 수 있다(<그림 13> 참고). 파당분석에서 Actor 19는 파당 G1, G2, G3, G4 그리고 G5에 속해 있어 다양한 관계를 맺고 있는 것으로 조사되었다.

> 아침에는 와서 **Actor 33이나 16, 3이랑** 노는 애들 하구요 전날에 있었던 일이나 연예인 이야기 하구요, Actor 33이 연예인한테 관심이 많아서 공방(공개방송) 자주 뛰어요······돌아다녀서요 거의 **Actor 33과 16이랑** 그런 이야기 하구요. **점심시간에는 애들 뭐 사온 것 같이 먹고 그냥 여러 애들이랑 이야기해요.** ······〈Actor 19의 심층인터뷰 내용〉

Actor 17의 심층인터뷰 결과 Actor 27과 2 그리고 29 등과 일상적 관계를 유지하는 것으로 조사되었으며 이는 community 분석결과와도 일치하였다(<그림 13> 참고). Actor 17이 속해 있는 파당은 G1, G2, G3인 것으로 조사되어 여러 파당에 속해 있는 것으로 조사되었다.

> 거의 놀러 오는데······아침에 오면 **항상 Actor 27이랑 2랑 29가** 있어요. 맨날 와서 어제 있었던 일 이야기하고 시험 끝나고 노는 이야기하고, 아침에는 숙제 많이 하죠. 숙제······(웃음).〈Actor 17의 심층인터뷰 내용〉

Actor 4의 경우 심층인터뷰 결과 Actor 29와 8 등과 일상적 관계를 유지하는 것으로 조사되었는데 이는 community 분석결과와 비슷하였다(<그림 13> 참고). Actor 4의 경우에는 비교적 응집력이 약한 파당 G1과 G11에 속해 있었다(<표 23> 참고).

Actor 34의 경우에는 네트워크 분석결과 Actor 16, 33과 관계를 맺고 있는 것으로 분석되었지만, 심층인터뷰 결과에서는 이들과 일상적인 관계가 활발하게 이루어지는 것 같지는 않았다. Actor 34는 단지 파당 G2와 G5에만 속해 있었는데 파당의 응집력은 5.714와 15.943으로 다른 파당의 응집력과 비교해 볼 때 상대적으로 낮은 수치를 보였다. 특히 Actor 34의 경우에는 그룹 속에서의 일상적 대인 관계를 심층인터뷰를 통해 확인하기가 어려웠으며 일상적 관계에서 다른 Actor와의 관계가 미미한 것으로 조사되었다.

3.2.2 일상생활에서의 여가참여의도 형성

먼저 Actor 19에 대한 심층인터뷰 결과이다. Actor 19는 평소 일상적인 관계를 맺고 있는 Actor 33, 16과 여가참여에 대한 의도를 활발하게 형성하고 있음을 알 수 있다.

Actor 17 또한 평소 일상적 관계를 맺고 있는 Actor 27과 여가참여 의도를 형성하고 있음을 알 수 있다. 또한 여가행위에 있어서 대인제약 측면이 매우 약한 것으로 조사되었다.

하지만 Actor 4의 경우 일상적 관계를 맺고 있는 Actor들과 여가참여의도를 잘 형성하지 못하고 있으며 실제 여가행위에 있어서도 주로 혼자 하는 여가행위를 하고 있음을 알 수 있다.

Actor 34 또한 일상적 관계를 맺고 있는 Actor들과 여가참여의도를 잘 형성하지 못하는 것으로 조사되었다.

대인 네트워크 구조에서 Actor의 위치가 상위구조일수록 대인과의 활발한 여가참여의도를 형성하는 것으로 조사되었지만, 중심성이 낮은 하위구조에 위치한 Actor의 경우에는 여가참여의도를 잘 형성하지 못하고 있음을 알 수 있다. 그리고 Actor 19와 Actor 17의 경우에는 대인관계가 활발해 영화나 관광과 같은 여가유형을 보이고 있지만, Actor 4의 경우에는 애니메이션 그리기와 같은 혼자 하는 여가유형을 보이고 있으며 Actor 34의 경우에는 대인과의 여가행위에 상당한 제약을 느끼고 있는 것으로 조사되었다.

3.2.3 대인과의 여가행위

아래 인터뷰 내용에서 Actor 19가 주로 하는 여가활동을 연구대상 전체를 대상으로 여가활동을 조사한 결과와 비교해 보면 좀더 능동적인 여가행위를 하고 있음을 알 수 있다(<표 17> 참고). 또한 여가행위에 있어 자기결정이 강하며 자신감이 높다는 것을 알 수 있다. 여가촉진 측면에서 자신감이 높은 사람이 여가활동에 적극적으로 참여한다는 것은 이론적 배경에서 서술한 바 있다. 또한 Actor 19의 경우 여가활동에 있어서 과거 부모와의 많은 관광활동경험이 여가활동과 학교생활에 긍정적인 역할을 하는 것으로 조사되었다. 이러한 사실은 이론적 배경에서 제시된 바와 같이 과거 여가참여경험이 여가행위에 촉진적인 역할을 하고 있다는 사실을 나타낸다.

　여가활동을 <u>스스로</u> 결정하고 참여해요. 누가 하라고 해서 참여하지는 않아요. 자신감도 있어요……여가시간에 뭐 할 건지 제가 결정해서 애들한테 물어보죠. 애들이 승낙하면 가는 거죠(중략)……Actor 33과 16이랑 노래방도 가고 게임방도 가고……**옷도 구경하고**……**냉면도 먹고(웃음)**……**아이스크림도 먹고, 보드 카페도 가고**……**특기적성으로 요가도 하고**……너무 놀아서 부모님께 혼난 적도 있죠(웃음). (중략) **어렸을 때부터 부모님과 함께 관광활동을 많이 하니까 저절로 문화유적지에 대한 관심이 생기고, 재미있는 것이 나오면 다 보고 싶어요. 놀러 가는 거 굉장히 좋아해요(웃음). 학교에서도 재미있고 여가활동도 재미있어요.** 어렸을 때 관광을 많이 한 게 도움이 많이 된다고 생각해요. 〈Actor 19의 심층인터뷰 내용〉.

　중심성이 높은 Actor 19는 일상생활에서 긍정적 관계를 맺고 있는 Actor 33과 16과 활발한 여가활동을 하는 것으로 조사되었다. 즉 일상적인 대인 네트워크의 관계가 여가활동으로 잘 연결되고 있음을 보여주고 있다.

　아래 Actor 17의 인터뷰 내용 또한 Actor 19와 매우 비슷함을 알 수 있다. Actor 17의 경우 Actor 27, 29 그리고 2와 여가행위를 하는 것으로 조사되었다. Actor 17의 경우에도 여가참여에 대한 자기결정(self-determination)이 강하다는 사실을 알 수 있다. 또한 '수영'이라는 여가행위에 있어서 주변 Actor들이 촉진적인 역할을 하고 있음을 알 수 있다. 그리고 여가활동 또한 과거에는 주로 가족과 많이 하였지만 요즘은 친구와 많이 하는 것으로 조사되어 여가행위 측면에서 보다 확장된 관계를 보이고 있다.

　여가활동은 스스로 선택해서 하는 것 아닌가요? 누가 하라고 해서 하면 그건 여가가 아니잖아요(중략). 옷 사러 가거나 노래방 가거나 뭐 먹으러……**방학 때 부산에 애들이랑 놀러 가기로 했는데요 요즘에 거의 그 이야기 하구요.** 아르바이트 이야기 하구요 그냥 Actor 27이랑 29 그리고 2랑 다른 반 애랑 가요. 전에는 10반에 있는 애랑 다녔는데 반이 너무 멀어서 요즘에는 안 다녀요 돈이 있으면 잘 가요 돈이 없으면 못 가죠(웃음). **제가 요즘에 수영을 좀 배우고 있는데……친구들이 막 하자고 해서 같이 하기로 했어요. 근데 수영 너무 힘들어요. 강사 아저씨도 무섭고**(웃음)……옛날에는 주로 가족과 많이 다녔어요. 암사동 선사유적지도 가고요, 일산 호수공원도 갔었어요. 근데 지금은 친구랑 많이 다니죠……(웃음).〈Actor 17의 심층인터뷰 내용〉

따라서 Actor 19와 Actor 17의 경우에는 지속적인 관계를 맺는 그룹 속에서의 네트워크가 여가행위와 잘 연결되어 있으며 이러한 관계가 여가행위를 촉진하는 것으로 조사되었다. 이러한 결과는 개별적 속성과 더불어 개인과 개인 사이에 나타나는 관계 속성이 여가행위에 긍정적으로 작용했다는 사실을 잘 보여준다.

아래 인터뷰 내용에서 Actor 34의 경우는 일상적 관계로 연결된 Actor들과 여가행위를 잘 하지 못하는 있음을 알 수 있다. Actor 34는 TV시청, 스포츠활동과 구슬 공예 등의 여가유형을 보였다. 주로 혼자 하며 타인과 함께 하는 여가행위에 제약(애들하고 영화 보거나 떡볶이 먹는 것은 1년에 한 번 할까 말까해요)이 있는 것으로 조사되었다.

주로 TV 많이 봐요. TV 재미있어요. 요즘에 동생이 시험 봐서 동생을 가르쳐줘요. 중1문제 같은 거요. 동생 풀어보라고 그래요. 친구들이 저희 집에서 멀어서요 자주는 못 만나요. 집에 가서 좀 피곤하면 자구요, 애들하고 시간이 좀 맞으면 같이 게임하고……초등학교 4학년 때부터 태권도를 다녔거든요. 체육관은 혼자가요. 9시쯤에는 체육관 가서 운동 하구요. 운동(태권도)하는 것보다는 거의 놀러 가는 수준이에요. 요즘에는 안 해요. 지금은 합기도요. **남는 시간에 심심해서**……**반 친구들은 Actor 16과 33에게 물어봤는데 다 시간이 없거나 돈이 없어서 같이 다니기 싫대요. 애들하고 영화 보거나 떡볶이 먹는 것은 1년에 한 번 할까 말까해요.** 방학 때 비즈(구슬 공예) 좀 배웠는데 재미있던데요(웃음). ……애들이 방학동안 살 좀 빼라고 그래서……방학 때나 이럴 때 시간이 굉장히 많은데 제가 너무 게을러서 방학을 잘 즐기지 못하는 것 같아요(웃음). 매일 끝나면 후회하죠(웃음). 그리고 방학도 정말 재미없어요(중략).〈Actor 34 심층인터뷰 내용〉.

아래 Actor 4의 인터뷰 결과를 보면 여가행위를 주로 가족이나 혼자 하는 것으로 조사되었다. 여가행위 또한 혼자 할 수 있는 컴퓨터나 독서 그리고 그림 그리기 등의 활동을 주로 하는 것으로 조사되었다. 이러한 인터뷰 결과는 위의 Actor 34와 비슷하다고 할 수 있다. Actor 4의 경우에도 대인 관계를 요구하는 여가행위에 있어서는 분명히 제약을 받는 것으로 조사되었고 주로 혼자 하는 여가유형을 보였다.

컴퓨터 많이 하고, 노래방은 가끔 가요……등산을 일주일에 한번에서 두 번 해요 인라인도 집에서 가끔 해요. 아차산에 배드민턴 치는 데가 있어서……**주로 동생하고 쳐요……(중략).** 그리고 집에서 일러스트 그려요 컴퓨터로 소설 같은데 배경 혼자서 그려요. 일주일에 세 번만 컴퓨터 할 수 있는데 한번 하면 3시간 정도 해요. 얼마 전 핸드폰 번호를 전부 지워서 연락을 못하고……**일요일 날은 자거나 컴퓨터 하거나 PC방 가거나 책방 가서 책을 빌려보거나 거의 혼자가요. 반 애들은 제가 하는 것을 하는 애가 없어요.** 돈이 너무 많이 들어요. 코믹, 코스피는 한 달에 한두 번 열리는데 한번 갈려고 하면 4만원에서 5만원 정도 쓰거든요 많이 쓰면 10만원 정도 쓰거든요. 할 게 많아요. 입장료는 3,000원인데 거기서 사는 게 많아요(웃음).〈Actor 4의 심층인터뷰 내용〉

인터뷰에 대한 조사결과를 정리하면 <표 25>와 같다. 각 Actor에 대한 일상적 관계, 여가참여의도 형성, 실제 여가행위를 비교 분석해 본 결과 대인 네트워크 구조에서 상위구조를 형성한 Actor 19와 17의 경우에는 일상적 관계에서 다른 Actor들과 활발한 관계를 형성하는 것으로 조사되었고 여가참여의도 또한 주도적으로 형성하는 것으로 나타났다. 그리고 실제 여가행위에서도 일상적 관계에서 맺어진 Actor들과 활발한 여가행위를 하는 것으로 조사되었다. 하지만 대인 네트워크 구조에서 하위구조로 조사된 Actor 4와 34의 경우에는 다른 Actor들과 활발한 일상적 관계를 갖고 있지 않은 것으로 조사되었고 여가참여의도 형성 또한 매우 수동적임을 알 수 있었다. 또한 실제 여가행위에서도 이러한 일상에서 맺어진 관계가 잘 연결되지 못하는 것으로 나타났다.

〈표 25〉 인터뷰 조사결과 요약

항 목	Actor 19	Actor 17	Actor 34	Actor 4
대인 네트워크 구조	상위구조	상위구조	하위구조	하위구조
일상적 관계	주변 Actor와 활발한 관계	주변 Actor와 활발한 관계	주변 Actor와 관계가 별로 없음	주변 Actor와 관계가 별로 없음
여가참여 의도형성	주도적으로 형성	주도적으로 형성	주도적으로 형성하지 못함	주도적으로 형성하지 못함
여가행위	주변 Actor들과 활발한 여가행위를 함	주변 Actor들과 활발한 여가행위를 함	주변 Actor들과 여가행위를 잘 하지 못함	주변 Actor들과 여가행위를 잘 하지 못함

3.3 파당의 응집력이 여가행위에 미치는 영향

파당의 응집력이 여가행위에 미치는 영향을 파악하기 위해 파당의 응집력을 기준으로 가장 응집력이 강한 파당(G9)과 가장 응집력이 약한 파당(G2)에 대한 그룹 인터뷰 결과를 서로 비교하여 분석하였다. 아래에서 제시된 G9의 그룹 인터뷰 결과는 일상생활에서 네트워크 구조의 응집력이 여가행위에 큰 영향을 미친다는 사실을 단적으로 보여준다. 파당 G9의 경우에는 파당분석결과에서 응집력이 ∞로 나타나 아주 끈끈한 결속력을 보여주고 있다. 이러한 끈끈한 관계는 여가참여의도를 서로 형성하면서 실질적으로 여가행위와 연결되어 있음을 인터뷰 결과를 통해 알 수 있다.

> 휴일에는 만화책 빌려보고 서로 평일 때 못했던 일도 다해요. Actor 25랑 30
> 이랑 35랑 놀아요. 중곡동 가서 막 돌아다녀요 노래방 가고 PC방 가고 그래요.
> 가끔 보드카페 가서 놀고 아니면 옷 같은 거 원단 따오는 데 가서 놀다 와요
> 그냥……**저희들은 계획 안 되면 잘 놀러 가는 편이 아니에요(웃음)……계획이
> 완벽해야 되요. 전에 놀이공원 갈 때에는 기구 탈 순서까지 정해서 갔어요(웃
> 음). 놀러갈 때 같이 갈 사람이 없을 때는 없어요. 웬만하면 다 가요. 거의 무
> 산된 게 없어요. 우리 그룹 애들끼리 갈 때 한 번도 못 간 적이 없어요.** 놀러
> 갈 때 Actor 25랑 30이랑 35하고 진짜 같이 많이 다녀요. 놀러는 제가(Actor
> 18) 많이 가자고 그래요, 거의 다 가는 편이죠.〈G9 파당 그룹 인터뷰에서〉

하지만 파당분석결과에서 응집력이 가장 약한 것으로 조사된 G2의
경우에는 파당 내에서 여가행위에 대한 의도를 잘 형성하지 못하는
것으로 분석되며, 실제 여가행위와도 잘 연결되어 있지 않음을 알 수
있다. 따라서 G9와 G2의 그룹 인터뷰 결과를 서로 비교해 보면 파당
을 형성하는 응집력에 따라 여가참여에 상당한 차이가 있음을 알 수
있다.

> 놀러간 적은 한 번도 없어요. 서로(웃음)……그냥 그저 그래요 싫은 것도 아
> 니고, 평범하죠……Actor 34랑 32랑 같이 다녀요. 끼리끼리 다니죠……Actor
> 19는 여기저기 다 같이 다니죠(웃음). Actor 19랑 Actor 17이랑 친하고 Actor
> 21과 Actor 19랑 친한데……전체적으로 한 번도 같이 놀러간 적은 없어요(웃
> 음).〈G2 파당 그룹 인터뷰에서〉

Findings 2

2.1 중심성이 강한 Actor인 경우 주변 Actor들과 함께 여가참여의도를 주도적으로 형성하고 있지만 중심성이 약한 Actor인 경우에는 주변 Actor들과 여가참여의도를 형성하지 못하거나 수동적인 태도를 보였다.

2.2 중심성이 강한 Actor인 경우 Actor들과의 일상적 관계가 여가행위로 잘 연결되고 있지만 중심성이 약한 Actor인 경우 일상 속에서 형성된 관계가 여가행위로 잘 연결되지 않았다.

2.3 응집력이 강한 파당인 경우 여가행위와 매우 강한 관계를 보이고 있지만 응집력이 약할 경우 여가행위로 잘 연결되지 않았다.

Ⅴ 연구과제(researchquestions) 논의

V. 연구과제 (researchquestions) 논의

본 장에서는 연구과제에서 제기한 바와 같이 대인 네트워크 구조와 여가인식, 중심성과 파당의 응집력이 여가행위에 미치는 영향 그리고 여가행위에 대한 내적 요인과 대인 요인의 관계성 세 가지 측면에서 논의하고 마지막으로 대인 네트워크 구조와 여가행위에 대한 통합모형을 제시한다.

1. 네트워크 구조와 여가인식: 분할과 통합

대인 네트워크 구조의 중심성에 따른 개인의 위치와 공부(일)와 여가에 대한 인식에는 관계가 있는 것으로 조사되었다. 중심성이 높은 Actor 19와 17의 경우 공부(일)에서의 경험과 여가경험을 같은 것으로 인식하고 있으며, 중심성이 낮은 Actor 34와 21의 경우에는 공부(일)와 여가가 서로 다르다고 응답하였다. 이론적 배경에서 살펴보았듯이 Parker(1995)는 일과 여가의 유형을 확장유형, 중립유형, 대립유형으로 분류하였는데 일에서 높은 자율성을 경험하는 개인은 확장유형을 보이기 쉽고, 낮은 자율성을 경험하는 사람들은 중립유형을 보이기 쉽다고 하였다. Parker의 유형을 통해서 보면 Actor 19와 17은 확장유형에 가깝다고 할 수 있고 Actor 34와 21은 중립유형이나 대립유형으로 분류될 수 있다.

여가의 기능을 보통 휴식, 기분전환 그리고 자아계발 측면에서 설명하는데, 대인 관계를 통해 형성된 네트워크의 상위에 위치한 Actor인 경우에는 여가행위를 휴식이나 기분전환이 아닌 자아계발로 인식하고 있었다. 반면에 중심성이 낮은 Actor인 경우에는 여가를 보통 휴식이나 기분전환으로 인식하고 있었다. 즉, 네트워크의 하위에 위치한 Actor인 경우에는 공부(일)는 여가와 다른 것이고, 따라서 공부로 인한 피곤함 등을 여가로 보상받으려는 인식이 강하다.

물론 여가와 일에 대한 분할과 통합에 대해서 어떤 것이 더 바람직한가에 대한 사회적 규범은 없다. 다만 왜 그런 인식차이를 보이는지, 그리고 이런 인식차이에 영향을 주는 요인이 무엇인가를 밝히는 것은 여가연구에 있어서 흥미로운 일이라고 할 수 있다. 이론적 배경에서 일이 여가보다 재미있는 경우 이러한 경험 또한 여가경험과 같을 수 있다는 Parker(1995)의 주장을 서술한 바 있다. 한 집단에서 중심성이 가장 강하다는 말은 그 집단에서 가장 인기가 좋다는 것인데, 사실 Actor 19와 17의 경우에는 학업성적이 우수하며 학급에서 회장과 총무라는 지위를 통해 학급을 주도적으로 이끌어나가는 위치에 있었다.[10] 또한 Actor 19와 17은 성격이 외향적이고 매사에 자신감이 있고 적극적으로 모든 일에 참여하였다. 따라서 Actor 19와 17이 학교에서 느끼는 성취감과 만족은 일과 여가를 통합적으로 인식하게 한 원인이라고 할 수 있다.

그러나 심층인터뷰 결과를 보면 네트워크 구조에서 하위에 위치한 Actor가 항상 일과 여가에 대한 분할 인식을 갖는 것은 아니었다. Actor 4의 경우에는 중심성 분석결과 가장 하위구조에 위치해 있었지만 여가와 공부(일)는 다르지 않다고 응답하였다. Actor 4의 경우에는 '일러스트 그리기'와 같은 여가행위를 자주 하는 것으로 조사되었고, 주변 Actor들과의 일상적 관계가 여가행위와 잘 연결되지는 않았지만 자기만의 여가영역이 뚜렷한 것으로 조사되었다. Actor 4의 경우에는 여가에 대한 적극적 경험이 공부(일)에 긍정적인 영향을 주었다고 할 수 있다. 즉, 여가에서의 적극적 경험이 일에 긍정적인 영향을 준다는 실증적 연구도 제시된 바 있는데(이상일·윤현순, 2004), Actor 4의 경우에는 긍정적인 여가경험이 일과 여가에 대한 통합적 인식을 갖도록 한 것으로 해석될 수 있다.

---

10) 연구자는 Actor들의 2005년도 학급 담임이었다.

2. 중심성과 파당의 응집력이 여가행위에 미치는 영향

본 연구에서는 일상적 관계 패턴을 중심성과 파당분석을 통해 살펴보고, 이러한 대인 네트워크 구조가 여가행위에 미치는 영향을 네 가지 측면에서 고찰하였다.

첫째, 대인 네트워크 구조에 따라 여가참여의도 형성이 상이함을 알 수 있다. 즉, 중심성이 강한 Actor인 경우 여가참여의도를 주도적으로 형성하는 것으로 조사되었다. 하지만 중심성이 약한 Actor인 경우에는 일상적 관계를 맺고 있는 Actor들과 여가참여의도를 형성하지 못하거나 수동적인 태도를 보였다. 사람들은 친한 사람들과 휴가를 더 다녀오고 싶어 하며 따라서 여가의 일차적 의미는 활동형태보다 관계의 표현에 있다고 할 수 있다(Kelly, & Freysinger, 2004). 위 결과로 볼 때 네트워크 구조에 따른 각 Actor마다 여가참여에 대한 관계 표현이 서로 다르다는 사실을 알 수 있다.

둘째, 대인 네트워크 구조에 따라 여가행위와의 연결정도가 다름을 알 수 있다. 대인 네트워크 구조 분석결과에서 중심성이 강한 Actor인 경우 네트워크로 연결된 Actor들과의 일상적 관계가 여가행위로 잘 연결되어 있음을 알 수 있다. 반면 중심성이 약한 Actor인 경우 일상 속에서 형성된 관계가 여가행위로 잘 연결되지 않음을 확인할 수 있었다. 이러한 사실은 한 개인이 일상적 관계에서 형성하는 대인 네트워크 구조와 여가행위와의 관계를 잘 보여준다. 즉, 중심성은 서로 간의 좋아하는 감정의 결과인데, 이런 감정적이고 자발적인 관계의 유형화와 여가행위와는 밀접한 관계를 갖고 있다. 이론적 배경에서 Burch(1986)는 개인 주변의 친밀한 사회적 영역은 여가행위의 다양성을 결정하는 주요한 결정요인이라고 하였다. 중심성이 높다는 말은 다른 Actor보다 사회적 영역이 넓다고 할 수 있으며 대인과의 활발한 여가행위를 할 수 있는 기회가 더 많다고 할 수 있다.

셋째, 대인 네트워크 구조는 대인 관계가 요구되는 여가행위에 영향을 준다고 할 수 있다. 즉, 여가유형에는 아무런 계획 없는 것부터 복잡한 것, 혼자 하는 것과 협력적인 그룹 활동 등 다양한 것이 있는데(Mahoney & Stattin, 2000), 중심성에 따른 대인 네트워크 구조의 높고 낮음은 타인과 함께하는 여가행위에 제약을 주었다고 하는 것이 정확하다. 인터뷰 결과에서도 Actor 19와 Actor 17의 경우에 비교적 대인 관계가 요구되는 영화나 관광과 같은 여가유형을 보였지만 대인 관계가 활발하지 않은 Actor 4와 34의 경우에는 애니메이션 그리기와 구슬 공예와 같이 혼자 하는 여가유형을 보였다.

넷째, 파당에 따라서도 응집력이 여가행위에 큰 영향을 미친다는 사실을 알 수 있다. 즉, Actor 간에 파당으로 묶인 경우라고 해도 응집력에 따라 여가행위와의 연결이 다르게 조사되었다. 응집력이 강한 파당인 경우 여가행위와 매우 강한 관계를 보이고 있지만 응집력이 약할 경우 여가행위와 거의 연결이 되고 있지 않았다. 사람들은 여가행위를 하는 장소에 혼자보다는 다른 사람들과 함께 방문하는 경향이 있는데(Burdge, Buchanan & Christensen, 1981), 파당의 응집력은 왜 여가와 레크리에이션 장소에 한 무리의 사람들이 같이 있는가를 설명할 수 있는 주요한 변인 중에 하나라 할 수 있다. 파당에 대해 좀더 서술하면 파당에서의 응집력과 여가행위와의 강한 연결은 파당을 구성하는 Actor들이 서로 비슷한 취향을 갖고 있으며 이러한 측면에서 특정 여가행위에 대한 선호도 또한 비슷할 것이라는 예측을 할 수 있다. 하지만 파당에서의 강한 응집력은 Actor의 다양한 여가행위에 대한 참여기회를 제한할 수도 있다는 사실을 고려해야 한다. 여러 사회 네트워크의 연구에서 사람들은 그들 자신과 매우 비슷한 사람들과만 서로 상호작용을 한다는 연구결과가 있다(Granovetter, 1982 p.120). 따라서 파당끼리 밀도가 높으면 다른 Actor들이 파당 속으로 들어오기가 그만큼힘이 들고 다른 Actor와 여가행위를 할 기회가 없어지는 것이다.

3. 내적 요인과 대인 요인의 상호 관계성에 대한 논의

이인재·이훈(2005)은 제약에 관한 여러 연구들(Hawkins, Peng, Hsieh & Eklund, 1999: Raymore, Godbey, Crawford & von Eye, 1993: Crawford, Jackson & Godbey, 1991: Crawford, Godbey, 1987)에서 각 요인들의 위계성에 대한 실증적 연구를 수행하였지만 이러한 위계성에 대한 통일된 결과를 도출하지 못하였다고 지적하였다. 본 연구에서 내적 요인과 대인 요인에 대한 위계문제를 심도 있게 다루는 것은 본 연구의 초점과 다소 떨어지는 것임으로 본 연구에서 Actor 4의 예를 통해 이러한 위계문제를 간단히 짚고 넘어가고자 한다. Actor 4의 경우는 SNA 결과 중심성이 최하위구조에 위치해 있었으며 두 개의 파당에 속해 있었지만 그리 응집력이 높지 않아 대인 관계 측면이 여가행위를 제약할 것으로 예측되었다. 심층인터뷰 결과에서 Actor 4는 애니메이션에 관심이 많고 코믹, 코스피와 관련된 축제나 이벤트에 참가하는 등 적극적인 여가행위를 하고 있는 것으로 조사되었다. Actor 4의 경우에는 기존 제약모형의 시각에서 보았을 때는 대인 측면이 여가행위에 제약을 주어 만약 여가제약모형의 위계성이 존재한다면 궁극적으로 여가참여에 상당한 제약을 받아 참가하지 못하는 것으로 해석되어야 할 것이다. Actor 4는 대인 제약을 분명히 인식(p.75 인터뷰 내용에서 '반 애들은 제가 하는 것을 하는 애가 없어요.' 부분)하고 있는 것으로 조사되었지만 자기가 하고 싶은 여가행위를 잘하고 있었다. 이는 Actor 4의 경우에는 특정 여가행위에 대한 내재적 동기와 같은 내적 요인이 매우 강해 사실상 대인 제약이 여가참여에 영향을 주지 못하였다. 따라서 Actor 4의 여가행위에 있어서 가장 결정적인 영향을 주었던 것은 내적 측면이라고 해야 할 것이다. 물론 Actor 4의 경우를 하나의 특수한 사례라고 말할 수도 있다. 하지만 이러한 사례는 기존 여가제약모형에서의 위계성으로 설명하지 못하는 부분이며 따라서 여가제약모형에서의 내적 제약과 대인 제약에 대한 위계 관계부분은 앞으로 알맞게 수정되어야 할 것으로 판단된다. 이론적 배경에서 살펴본 바와 같이 대인 제약은 개개인의 특성 간의 관계 또는 대인 간 상호작용의 결과로서 주변의 동료나 가족으로 인해 여가행위에 제약을 받는다는 개념이었다(Crawford, Jackson & Godbey, 1991). 하지만 이러한 접근은 개인의 대인 관계를 너무 단순화했다는 측면에서 비판을 받을 수 있다. 대인 제약은 여가선호와 여가참여에 매개하는 역할을 하는 요인으로 묘사되었는데 어떻게 일상적 관계를 통해 대인 관계가 형성되고 관계 측면에서 어떠한 요인들이 여가참여에 영향을 줄 수 있는가에 대해서 아직 밝혀진 것이 별로 없다. 다시 말하면 여가참여에 있어서 대인과의 관계형성의 전후 관계에 대한 이해부족과 더불어 단지 관계를 개인의 인지 측면에 한정하여 측정하고 있는 것이 과연 제대로 대인 제약을 측정하고 있는가에 대한 문제 제기라고 할 수 있을 것이다. 물론 특정 여가행위에 대해 개인이 인식하는 대인 제약은 있다. 또한 특정 여가행위에 같이할 사람이 없을 경우 여가선호와 여가참여에 부정적인 영향을 줄 수도 있을 것이다. 가령 개인이 수영을 하고 싶지만 같이 할 사람이 없을 경우 그것은 제약이라고 할 수 있다. 하지만 이러한 것은 개인의 인지적 측면이 강한 것으로 내적 제약과 더불어 또 하나의 심리적 제약이라고 할 수 있다. 이러한 주장에 대한 근거로써 많은 대인 관계에 대한 연구(Montoya & Horton 2004; Van Kleef, De Dreu & Manstead, 2002; Kenny, 1996)들을 살펴보면 사람은 다른 사람이 나를 어떻게 평가하는지를 상대방으로부터 받는 것이 아니라 그들 자신의 자의식(self-perception)으로 평가한다고 한다. 따라서 여가행위에 대한 대인 제약은 개인의 의식으로 평가된 제약 측면이 강한 것으로 대인 관계에 대한 보다 객관화된 측정이 필요하다고 할 수 있다. 또한 여가제약모형에서 내적 요인과 대인 요인을 따로 분리한 것은 내적 요인과 대인 요인의 상호연결성에 대한 고려가 부족하다고 지적할 수 있다. 본 연구에서 대인 관계의 결과로 제시된 대인 네트워크 구조는 Actor의 내적 특성의 결과라고 할 수 있다. 즉, 본 연구에서 나타난 개개인에 대한 대인 네트워크 구조의 결과는 각 Actor의 내적 요인에 근거한 것이라고 할 수 있으며 이러한 내적 요인과 대인 요인과의 연결은 다시 다양한 여가행위와 연결되어 있음을 알 수 있다. 따라서 이러한 일련의 과정은 여가행위에 대한 내적 요인과 대인 요인이 밀접한 관계가 있다는 사실을 보여준다. 따라서 기존 여가제약모형에서 따로 분리되어 측정된 내적 요인과 대인 요인을 통합적으로 측정하는 방법을 앞으로 모색해 나가야 할 것으로 판단된다.

4. 본 연구의 통합모형 제시

　본 연구에서는 일상적 관계를 통한 개인의 여가참가과정에 대한 이론적 틀을 제시하는 것이 궁극적인 목적이었다. 다음 페이지 <그림 18>에서는 일상적 관계 속에서 한 개인의 여가참여 과정을 설명하는 모형을 제시하였다. <그림 18>을 보다 자세하게 설명하기 위해서 일련의 과정을 알파벳으로 표시하였다. 차례대로 설명을 하면 먼저 'a'는 일상생활에서 개인이 어떻게 타인과의 관계를 형성하는가에 대한 것이다. 'b'는 이러한 관계 형성 중에서 여가 측면에서의 특성을 기술한 것이다. 즉, 여가관점의 관계는 서로 좋아하는 측면이 강한 감정적 관계이다. 'a'와 'b' 사이의 그림은 이러한 관계의 결과로 인해 발생하는 Actor들 간의 네트워크 구조를 도식화한 것이다. 'c'는 SNA 결과를 나타내는 화살표이다. SNA 결과로서 'd'는 중심성 분석결과를 나타내며 'e'는 파당분석결과를 의미한다. 'f'는 Actor의 상위구조, 하위구조와 일과 여가에 대한 인식과의 관계를 나타내는 화살표이다. 즉 중심성에서 상위구조일수록 일과 여가의 통합 인식이 강하며 하위구조일수록 분할 인식이 강함을 보여준다. 'g'는 SNA 결과를 바탕으로 개별 및 그룹 인터뷰를 통해 대인 네트워크 구조와 여가행위의 관계에 대한 결과를 나타내는 화살표이다. 세부적으로 살펴보면 'h'는 중심성의 강, 약에 따라 여가행위와의 연결이 다름을 보여주고 있다. 또한 'i'는 파당의 응집력에 따라 파당에 속한 Actor와 여가행위와의 연결이 다름을 보여준다. 이러한 일련의 과정을 거쳐 한 community 속에서의 Actor 간 보이지 않는 대인 네트워크 구조는 여가행위에 영향을 준다는 결론을 도출하였다. 본 연구의 통합모형에서 'a'부터 'i'까지의 일련의 과정은 이론적 배경과 네트워크 분석 그리고 심층인터뷰를 통해 일상 속에서 맺어지는 관계가 여가 측면에서 어떻게 형성되고 중앙성과 파당이라는 네트워크 분석을 통해 가시화된 대인 네트워크 구조가 여가행위와 어떻게 연결되어 있는지를 한눈에 보여주고 있다. 이는 여가 및 레크리에이션 참가자가 어떠한 일상 관계를 통해 특정 여가장소를 방문하게 되는지에 대한 이해를 높여준다는 측면에서 유용한 이론적 틀을 제시할 수 있다.

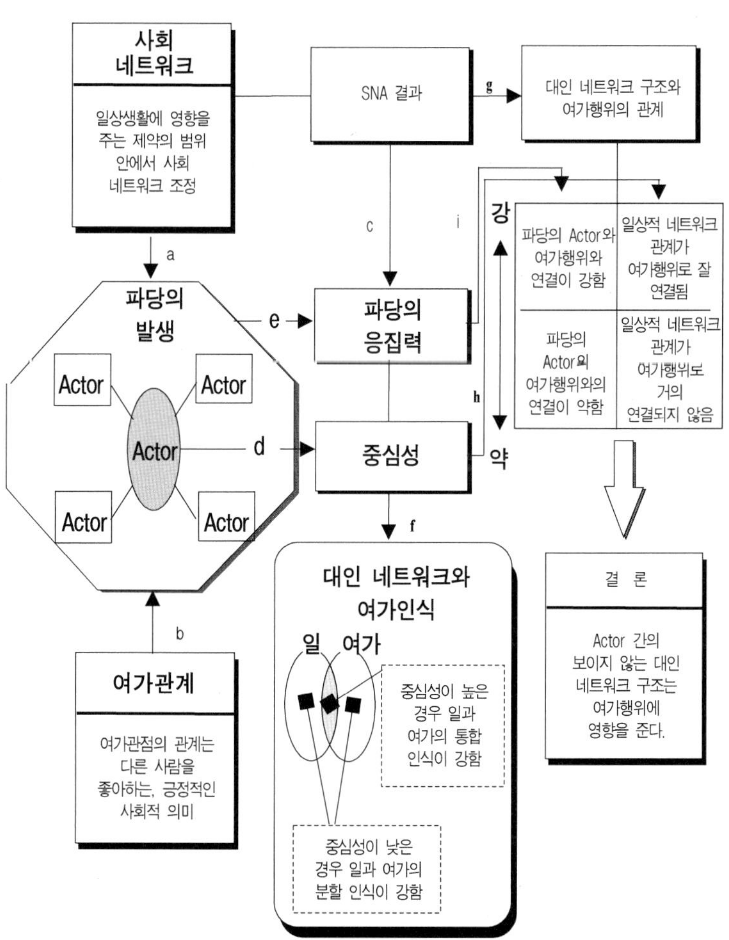

VI 결 론

VI

결 론

1. 요약 및 결론

기존 여가연구들의 연구경향을 살펴보면 주로 인지심리학 측면을 강조하여 인간의 상호관계 측면은 상대적으로 소홀히 다루어져 왔던 것이 사실이다. 하지만 개인의 여가행위에 대한 이해는 개인의 심리적 측면뿐만 아니라 개인을 둘러싸고 있는 일상적 관계가 여가행위에 영향을 줄 수 있다는 측면에서도 연구되어야 한다. 이러한 배경하에 본 연구의 문제제기로는 첫째, 여가연구에서 사람 간 관계를 통해 형성되는 네트워크가 여가행위에 영향을 준다는 사실에 초점을 맞춘 연구는 미진한 상태이다. 즉, 기존 연구에서는 개인의 심리적 측면과 여가장소 참가자의 특징 등을 규명하는 연구가 주로 이루어져서 개인의 일상적 관계를 통한 여가참여 과정을 설명할 수 있는 연구가 필요하다. 둘째, 기존 여가분야의 네트워크 연구에는 자아중심 네트워크 측정 방법이 주로 사용되고 있어서 최근 사회학 분야 등에서 활발히 사용되고 있는 SNA를 여가연구에 적용할 필요가 있다. 셋째, 행위자의 특성과 대인 네트워크 구조의 관계를 잘 보여주는 SNA 결과를 바탕으로 기존 여가제약모형에서의 내적 요인과 대인 요인과의 상호 관계성을 검토해 볼 필요가 있다.

본 연구의 목적은 일상생활에서 형성되는 개인의 대인 네트워크 구조가 여가행위에 어떤 영향을 미치는가를 규명함으로써 여가행위를 일상적 관계와 연결하여 고찰하는 데 있다. 이론적 배경은 여가의 개념, 일상에서의 일과 여가: 분할과 통합, 여가제약연구에 대한 비판, 여가사회학에서의 해석과 구조적 접근, 여가 네트워크 형성에 대한 이론적 고찰, SNA(중심성과 파당분석)를 중심으로 서술하였다.

본 연구에서는 세 가지 연구과제(research questions)를 제시하였는데 첫째, 대인 네트워크 구조에 따른 여가인식(분할, 통합)에는 차이가 있는가? 둘째, 중심성과 파당의 응집력이 Actor의 여가행위에 어떤 영향을 미치는가? 셋째, 여가행위에 있어서 내적 요인과 대인 요인은 서로 관계가 있는 것인가?이다. 연구방법으로는 SNA의 결과를 바탕으로 개별 및 그룹 인터뷰를 실시하였다.

본 연구에서 제시된 세 가지 연구과제의 논의를 요약하면 다음과 같다. 먼저 대인 관계를 통해 형성된 대인 네트워크의 상위구조에 위치한 경우에는 여가행위를 공부(일)와 비슷한 것으로 인식하고 있었고, 중심성이 낮은 Actor인 경우에는 여가를 보통 휴식이나 기분전환으로 인식하고 있었다. 즉, 대인 네트워크 구조에서 상위에 위치한

Actor인 경우에는 여가를 휴식이나 기분전환이 아닌 자아계발로 인식
하고 있었고, 네트워크의 하위에 위치한 Actor인 경우에는 공부로 인
한 피곤함 등을 여가로 보상받으려는 인식이 강하였다. 중심성과 파
당의 응집력이 여가행위에 미치는 영향에 대해서는 먼저 중심성이 강
한 Actor인 경우 여가참여의도를 주도적으로 형성하는 것으로 조사되
었지만 중심성이 약한 Actor인 경우에는 일상적 관계를 맺고 있는
Actor들과 여가참여의도를 형성하지 못하거나 수동적인 태도를 보이
는 것으로 조사되었다. 또한 실제 여가행위에 있어서도 중심성이 강
한 Actor인 경우 네트워크로 연결된 Actor들과의 일상적 관계가 여가
행위로 잘 연결되어 있었다. 하지만 중심성이 약한 Actor인 경우 일상
속에서 형성된 관계가 여가행위로 잘 연결되지 않았다. 파당의 응집
력 또한 여가행위에 큰 영향을 미친다는 사실을 알 수 있다. Actor
간에 서로 같은 파당으로 묶인 경우라고 해도 응집력에 따라 여가행
위와의 연결이 다르게 조사되었다. 즉, 응집력이 강한 파당인 경우 여
가행위와 매우 강한 관계를 보였지만 응집력이 약할 경우 여가행위와
거의 연결이 되고 있지 않았다. 마지막으로 내적 요인과 대인 요인의
상호 관계성에 대한 논의에서 네트워크 분석과 심층인터뷰 결과 내적
요인과 대인 요인의 위계 측면에서 설명할 수 없는 사례(Actor 4의
예)가 발견되었다. 또한 Actor들에 대한 대인 네트워크 구조의 결과는
각 Actor의 내적 요인에 근거한 것이라고 할 수 있으며 내적 요인과
대인 요인과의 연결은 다시 다양한 여가행위와 연결되어 있어서 이러
한 일련의 과정은 내적 요인과 대인 요인이 매우 밀접한 관계가 있다
는 사실을 보여준다.

결론적으로 사람은 대인과의 끊임없는 관계 속에서 살아가는데 특
히 서로를 좋아하는 감정적 관계는 여가행위와 관련이 있으며, 이러

한 감정적 관계로 이루어진 대인 네트워크 구조가 한 개인의 여가행위에 영향을 준다고 할 수 있다.

본 연구는 일상적 대인 관계가 여가행위에 미치는 영향을 통해 여가 및 레크리에이션 장소에 참가한 방문객의 여가참여 과정에 대한 이해의 폭을 확대하였다는 측면에서 시사점을 제시할 수 있다. 일반적으로 여가분야에서 사람들이 축제와 같은 여가 및 레크리에이션 장소를 왜 방문하고 어떠한 인구통계학적인 특성을 가졌는지에 대한 연구들(Nicholson & Pearch, 2001; Iso-Ahola, 1999; Smale, 1999; Crompton & Mckay, 1997; Schneider & Backman, 1996; Backman, Backman, Uysal & Sunshine, 1995)은 많이 제시되었지만 어떠한 일상적 관계를 통해 여가참여를 하게 되었는가에 대해서는 알려진 바가 별로 없었던 것이 사실이다. 따라서 여가행위에 대한 대인 네트워크 구조의 영향에 대한 일련의 과정을 제시한 본 연구결과는 어떻게 한 개인이 일상적 관계를 통해 여가장소에 나타나게 되었는지에 대한 이해의 폭을 확대하였다는 측면에서 연구의 의의를 찾을 수 있을 것이다.

2. 연구의 한계 및 미래의 연구방향

본 연구는 여가연구에 있어서 기존 인지심리학적 측면에서 한계로 지적되어 온 대인 관계 측면의 영향을 SNA를 중심으로 살펴보았다. 본 연구의 한계로는 SNA에 있어서 신뢰도(reliability)와 타당도(validity)를 정확하게 측정할 수가 없다는 방법론적인 한계가 있다. 즉, Actor 37명의 SNA 결과에 대한 신뢰도와 타당도를 제시할 수 없는 것이 한계로 지적될 수 있다. 또한 본 연구에서는 SNA의 다양한 분석기법 중에 중심성과 파당만을 사용하였다. 하지만 SNA에는 다른 다양한 분석방법들이 제시되고 있는데, 가령 구조적 틈새(structural hole)나 구조적 등위성 분석(structural equivalence analysis) 등 지위와 관련한 분석과 컴포넌트 분석(component analysis)처럼 파당분석 이외에 여러 가지 하위 그룹 분석방법이 있다. 향후에는 이런 다양한 분석방법들이 여가연구에 적용되어 SNA가 여가연구에서 폭넓게 활용되기를 기대한다.

‖ 참고문헌 ‖

구태회·이윤철(2005). 호텔 산업의 전략적 네트워크: 네트워크 밀도, 구조적
　　공백 그리고 성과. 『관광학연구』, 28(4): 67-86

권욱동·김호상·여인성·임재구(2000). 여가경험의 실존현상학적 고찰-Merle-
　　au Ponty와 Gabriel Marcel의 철학을 중심으로. 『한국체육철학회지』,
　　8(1): 139-159.

김규원(2001). 주5일 근무제 시행에 대비한 문화정책 방향. 한국문화정책개발
　　원.

김남용(2005). 수상스포츠 참가와 신체적 자아효능감 및 대인 관계 성향에
　　관한 연구. 『한국스포츠리서치』, 16(3): 353-362

김도희·손대현(1999). 중년기 레저활동과 생활만족의 관계분석. 『관광학연구』,
　　23(2): 267-285.

김민주·송호철(2000). 성격별 여가만족과 선호여가활동의 상관관계에 관한
　　연구. 『한국여행학회지』, 11: 29-48

김성혁(1998). 현대사회와 여가. 형설출판사.

김안나(2003). 가족과 사회 연결망: 독일과 한국의 개인관계에 대한 비교연
　　구. 『한국 사회학』, 37(4): 67-69.

김용학(2003a). 사회 연결망 분석. 박영사.

김용학(2003b). 사회구조와 행위: 거시적 현상의 미시적 기초를 찾아서. 나남
　　출판.

김용학·김진혁(1990) 지역감정의 관계적 분석: 결혼 연결망을 중심으로 『한국
　　사회학』, 24(1): 1065-1084.

김우식(2004). 연결망을 통한 문화적 범주의 확장: 한국 영화배우들의 경우.

『한국 사회학』, 38(2): 135-163

김유일·강석희(2000). 여가활동참여에 있어서 제약유형의 위계적 과정에 관한 연구.『한국조경학회지』, 28(1): 29-36.

김정근(1998). 여가태도, 여가활동이 여가만족에 미치는 영향.『관광학연구』, 21(2): 222-236.

김홍설·송강영(1996). 성격특성과 여가활동 유형 및 여가만족의 관계.『한국스포츠사회학회지』, 6: 169-180

소연희(2004). 정서 창의성과 대인 관계 성향에 관한 분석.『교육방법연구』, 16(2): 54- 79.

손대현(2000). 한국문화의 매력과 관광이해. 백산출판사.

손동원(2002). 사회 네트워크 분석. 경문사.

송영민(2004). 청소년 여가제약의 영향분석.『청소년학연구』, 11(2): 419-436.

송영민·이훈(2004). 여가촉진요인과 여가참여와의 관계분석.『제55차 한국관광학회 학술논문 발표대회 논문집』.

신현군·이학준(2004). 오토바이 폭주 청소년들의 심리분석: 여가현상학적 접근.『한국체육철학회지』, 12(2): 301-314.

안종수(1995). 도시가족의 여가활동 특성에 관한 연구.『관광학연구』, 18(2): 199-218.

이상일·윤현순 (2004). 주5일 근무 직장인의 여가활동 참여유형별 직무 스트레스 및 직무만족.『한국여가레크리에이션학회지』, 27: 153-168.

이숙정(2005). 특수 교육학에서 현상학적 연구방법의 특징: 중증장애 아동 교육연구를 중심으로.『특수아동교육연구』, 7(1): 199-215.

이승구(2002). 여가스포츠 참여 제약요인에 관한 연구.『관광학연구』, 26(1): 119-133.

이인재·이훈(2005). 선행 여가행동과 관련된 제약연구의 비판적 고찰.『한국관광레저학회 제27차 학술논문 발표대회 논문집』.

이정수·이철원·송성섭(2005). 여성 무용수의 여가경험에 관한 현상학적 해석.『한국체육학회지』, 44(2): 565-572.

이주연·이영주·이동호(2005). 농촌관광개발 이해당사자 분석방법론: 사회연결망분석 사례연구. 『농촌계획』, 11(3): 29-42.

이　훈(1991). 한국 사회의 노동자 여가에 대한 실증적 연구: 노동조합의 영향력을 중심으로. 한양대학교 석사학위 논문.

이　훈·정철·정란수(2003). 인터넷조사방법을 활용한 주5일 근무제가 직장인 여가에 미치는 영향. 『관광학연구』, 27(1): 63-83.

이　훈·정철·정란수·이승구·정우철(2004). 여가활동과 제약요인 구조모형: PPA와 여가제약이론을 중심으로. 『관광레저연구』, 16(2): 29-48.

임번장·정영린(1995). 여가활동 유형과 여가만족의 관계. 『한국체육학회지』, 34(3): 56-69.

임승환(2002). 행동 유형론(대인 관계 중심의 성격 유형론) 정립을 위한 경험적 연구. 『한국심리학회지』, 14(3): 705-723.

정갑순(1999). MMTIC에 따른 초등학교의 성격유형과 자기효능감, 정신건강, 여가활동의 차이에 관한 연구. 『한국심리유형학회지』, 9(1): 121-147.

정란수 (2005). 여가제약모형의 비판적 재구성: 사회구조와 행위의 변증법적 접근. 한양대학교 석사학위 논문.

정란수·이훈·이인재(2005). 여가제약모형에 대한 비판적 재구성: 사회구조와 행위의 변증법적 접근. 『제57차 한국관광학회 학술논문 발표대회 논문집』.

정소현 (2004). 여가제약협상과정에 관한 구조분석: CEM과 PCR모형을 중심으로. 한양대학교 석사학위 논문.

조용환(1999). 질적 연구: 방법과 사례. 교육과학사.

주5일 근무제 관련 언론보도자료: 중앙일보(2005년 1월28일), 동아일보(2005년 6월 25일), 문화일보(2005년 6월 25일), KBS 뉴스(2005년 6월 28일), KBS 뉴스(2005년 7월 1일), KBS 뉴스 네트워크(2005년 6월 30일).

지충남·유병선(2005). 연결망 분석(Network Analysis)을 통한 정책집행과정의 엘리트 연구: 순천시 사례를 중심으로. 『한국정책학회보』, 14(1): 97-120.

최경애·박창범·임수원(2004) 볼링 동호인의 사회적 연결망 분석. 『한국체육학회지』, 43(3): 393-403.

최창호(2000). 여가개념에 대한 뉴 패러다임. 『한국 사회체육학회지』, 13: 513-521.

통계청(2001). 사회통계조사보고서. 인터넷자료 (http://www.nso.go.kr).

홍성희·문숙재(1991). 주부의 여가활동과 여가제약요인에 관한 연구. 『대한 가정학회지』, 29(3): 153-174.

Alexandris, K., Tsorbatzoudis, C. & Groudios, G. (2002). Perceived constraints on recreational sport participation: investigating their relationship with intrinsic motivation, extrinsic motivation and amotivation. *Journal of leisure research*, 34(3): 233-252.

Allen, L. R. & Buchanan, T. (1982). Techniques for comparing leisure satisfaction systems. *Journal of Leisure Research,* 14(4): 307-322.

Babbie, E. (2002). 사회 조사 방법론. 그린.

Backman, K. F., Backman, S.J., Uysal, M. & Sunshine, K. M. (1995). Event tourism: An examination of motivations and activities. *Festival Management & Event Tourism,* 3(1): 15-24.

Baldwin, C. K. & Caldwell, L. L. (2003). Development of the free time motivation scale for adolescents. *Journal of Leisure Research,* 35: 129-151.

Bandura, A. (1977). Self-efficacy: toward a unifying theory of behavioral change. *Psychological Review,* 84: 191-215.

Bates, F. L. & Peacock, W. G. (1989). Conceptualizing social structure: The misuse of classification in structural modelling. *American Sociological Review,* 54: 567-577.

Brenda J. R. (1999). Leisure and family: Perspectives of male adolescents who engage in delinquent activity as leisure. *Journal of Leisure*

Research. 31(4): 335-358

Brownell, C. A. & Smith, G. M. E. (2003). Context and development in Children's school-based peer relations: implications for research and practice. *Journal of School Psychology,* 41: 305-310.

Burch, W. R. Jr. (1986). Ties that bind: The social benefits of recreation provision. In A literature review, The President's Commission on Americans Outdoors. Washington, DC: US Government Printing Office, 81-91.

Burdge, R. J., Buchanan, T. & Christensen, J. E. (1981). A critical assessment of the state of outdoor recreation research. In Napier, T. L. (ed) Outdoor Recreation Planning, Perspective and Research. Dubuque, IA: Kendall-Hunt, 3-11.

Coble, T. G., Selin, S. W. & Erickson, B. B. (2003). Hiking Alone: Understanding fear, negotiation strategies and leisure experience. *Journal of leisure research,* 35(1): 1-22.

Crawford, D. W. & Godbey, G. C. (1987). Reconceptualizing barriers to family leisure. *Leisure Sciences,* 9: 119-127.

Crawford, D. W. Jackson, E. L. & Godbey, G. C. (1991). A hierarchical model of leisure constraints. *Leisure Science,* 13: 309-320.

Crompton, J. & Mckay, S. L. (1997). Motives of visitors attending festival events. *Annals of Tourism Research,* 24(2): 425-433.

Driver, B. L. & Bruns, D. H. (1999). Concepts and uses of the benefits approach to leisure. In Jackson, E. L., & Burton, T. L. (Eds). Leisure Studies: Prospects for the XXI Century. State College, PA: Venture Publishing, pp.349-369.

Feld, S. (1982). Social structural determinants of similarity among associates. *American Sociological Review,* 47: 797-801

Goodale, T. & Godbey, G. (1988). *The evolution of leisure.* Venture publishing.

Granovetter, M. (1982). The strength of weak ties: a network theory revisited. In Marsden, P. V. and Lin, N. (eds) Social Structure and Network Analysis. Beverly Hills, CA: Sage, 105-130.

Havitz, M. E. & Dimanche, F. (1990). Propositions for testing the involvement construct in recreational and tourism contexts. *Leisure Sciences,* 12(2): 179-195.

Hawkins, B. A., Peng. J., Hsieh & Eklund, S. J. (1999). Leisure Constraints: A replication and extension of construct development. *Leisure Sciences,* 21: 179-192.

Haythornthwaite, C. (1996). Social network analysis: An approach and technique for the study of information exchange. *Library & Information Science Research,* 18(4): 323-342.

Henderson, K. A. (1997). A Critique of Constraints Theory: A Response. *Journal of Leisure Research,* 29(4): 453-457.

Hills, P., Argyle, M. & Reeves, R. (2000). Individual differences in leisure satisfactions: an investigation of four theories of leisure motivation. *Personality and Individual difference.* 28: 763-779.

Hubbard, J. & Mannell, R. (2001). Testing competing models of the leisure constraint negotiation process in a corporate employee recreation setting. *Leisure science.* 23: 145-163.

Iacobucci, D., Henderson, G., Marcati, A. & Chang, J. (1996). Network analyses of brand switching behavior. *Social Networks.* 13: 415-429.

Iso-Ahola, S. E. (1999). Motivational foundations of leisure, In: Jackson, E. L., & Burton, T. L. (Eds). Leisure Studies: Prospects for the XXI century. State College, PA: Venture Publishing, pp.35-51.

Iso-Ahola, S. E. & Weissnger, E. (1990). Perception of boredom in leisure:

Conceptualization, reliability, and validity of the leisure boredom scale. *Journal of Leisure Research.* 22(1): 1-17.

Jackson, E. L. (1991). Special issue introduction: leisure constraints / constrained leisure. *Leisure Sciences,* 13(4): 273-278.

Jackson, E. L. & Henderson, K. A. (1995). Gender-based analysis of leisure constraints. *Leisure science,* 17: 31-51.

Jackson, E. L. & Rucks, V. C. (1995). Negotiation of leisure constraints by junior-high and high school students: An exploratory study, *Journal of Leisure Research,* 27(1): 85-105.

Jackson, E. L. & Scott, D. (1999). Constraints to leisure. In: Jackson, E. L., & Burton, T. L. (Eds). Leisure Studies: Prospects for the XXI century. State College, PA: Venture Publishing, pp.299-321.

Kay, T. & Jackson, G. (1991). Leisure despite constraint: The impact of leisure constraints on leisure participation, *Journal of leisure research,* 23(4): 301-313.

Kelly, J. R. (1999). Leisure and Society: A Dialectical Analysis, In: Jackson, E. L., & Burton, T. L. (Eds). Leisure Studies: Prospects for the XXI century. State College, PA: Venture Publishing, pp.53-68.

Kelly, J. R. & Freysinger, V. J. (2004). 여가사회학. 이정환 외 역 서울: 그린(원본은 2000년에 출간됨)

Kenny, D. A. (1996). Models of non-independence in dyadic research. *Journal of Social and Personal Relationship,* 13(2): 270-294.

Kiesner, J., Kerr, M. & Stattin, H. (2004). "Very Important Persons" in adolescence: going beyond in-school, single friendships in the study of peer homophily. *Journal of Adolescence.* 1-16.

Kiesner, J. (2004). Editorial Families, peers, and contexts as multiple determinants of adolescent problem behavior. *Journal of Adolescence,* 1-3.

Klieber, D., Larson, R. & Cskiszentnihalyi, M. (1986). The experience of leisure in adolescence. *Journal of Leisure Research,* 18: 169-176.

Locke, E. & Latham, G. (1990). Work motivation and satisfaction: light at the end of the tunnel. *Psychological Science,* 1, 240-246.

Lopez, L. Mendes, J. F. F. & Sanjuan, M. A. F. (2002). Hierarchical social networks and information flow. *Physica A* 316: 695-708.

Louch, H. (2000). Personal network integration: transitivity and homophily in strong-tie relations. *Social Networks,* 22: 45-64.

Mahoney, J. L. & Stattin, H. (2000). Leisure activities and adolescent antisocial behavior: The role of structure and social context. *Journal of Adolescence.* 23: 113-127.

Mannell, R. C. (1999). Leisure experience and satisfaction, In: Jackson, E. L., & Burton, T. L. (Eds). Leisure Studies: Prospects for the XXI century. State College, PA: Venture Publishing, pp.235-251.

Mannell, R. C. & Reid, D. R. (1999). Work and Leisure, In: Jackson, E. L., & Burton, T. L. (Eds). Leisure Studies: Prospects for the XXI century. State College, PA: Venture Publishing, pp.151-163.

Marmaros, D. & Sacerdote, B. (2002). Peer and social networks in job search. *European Economic Review,* 46: 870-879.

Marsden, P. (1988). Homogeneity in confiding relationships, *Social Networks,* 10. 57-76.

Mason, J. (1999). 질적 연구방법론. 김두섭 역 나남 출판(원본은 1996년에 출간됨).

Montoya, R. M. & Horton, R. S. (2004). On the Importance of Cognitive Evaluation as a Determinant of Interpersonal Attraction. *Journal of Personality and Social Psychology,* 86(5): 696-712.

Nadirova, A. & Jackson, E. L. (2000). Alternative criterion variables against which to assess the impacts of constraints to leisure. *Journal of leisure research,* 32(4): 396-405.

Nicholson, R. E. & Pearch, D. G. (2001). Why do people attend events: A comparative analysis of visitor motivations at Four South Island events. *Journal of Travel Research,* 39: 449-460.

Orina, M. M., Wood, W. & Simpson, J. A. (2002). Strategies of influence in close relationships. *Journal of Experimental Social Psychology.* 38: 459-472.

Padgett, D. K. (2001). 사회 복지 질적 연구방법론. 유태균 역. 나남 출판(원본은 1998년에 출간됨)

Parker, S. (1995). 현대사회와 여가. 이연택, 민창기 역. 일신사(원본은 2000년에 출간됨)

Pieper, J. (1998). *Leisure The basis of Culture.* Augustine Press.

Ragheb, M. G. (1980). Interrelationships among leisure participation, leisure satisfaction and leisure attitude. *Journal of Leisure Research* 12(2): 138-149.

Raymore, K., Godbey, G., Crawford, D. & von Eye, A. (1993). Nature and process of leisure constraints: An empirical test. *Leisure Sciences,* 15: 99-113.

Raymore, L. A. (2002). Facilitators to leisure. *Journal of Leisure Research,* 34(1): 37-51.

Roberts, K. & Chamber, D. A. (1985). Changing times: hours of work / patterns of leisure. *World Leisure and Recreation* 27(1): 17-23.

Rojek, C. (2000). 「자본주의와 여가이론」. 김문겸 역. 서울: 일신사(원본은 1985에 출간됨)

Rybczynski, W. (1991). *Waiting for the Weekend.* New York: Penguin books.

Samdahl, D. & Jekubovich, N. (1997). A critique of leisure constraints: Comparative analyses and understandings. *Journal of Leisure Research.* 29: 430-452.

Scheneider, I. E. & Backman, S. J. (1996). Cross-cultural equivalence of festival motivations: A study in Jordan. *Festival & management & Event Tourism,* 4(3 / 4), 139-144.

Scott, J. (1991). *Social Network Analysis: A handbook.* Sage Publication.

Shim, J. M. (2004). The evolution of leisure studies in North American and South Korean: A Study of Cultural consensus. The Pennsylvania State University, a doctoral dissertation.

Smale, B. J. A. (1999). Spatial Analysis of Leisure and Recreation. In: Jackson, E. L., & Burton, T. L. (Eds). Leisure Studies: Prospects for the XXI century. State College, PA: Venture Publishing, pp.177-197.

Snepenger, D. J. & Neil H. C. Jr. (1982). Distribution analysis for leisure activities. *Journal of Leisure Research,* 14(2): 168-180.

Stebbins, R. A. (2002). Cultural tourism as serious leisure. *Annals of Tourism Research,* 28: 948-950.

Stokowski, P. A. (1994). *Leisure in Society: A Network Structural Perspective.* Mansell Publishing Ltd.

Suitor, J. & Keeton, S. (1997). Once a friend, always a friend? Effects of homophily on women's support networks across a decade. *Social networks* 19: 51-62.

Van Kleef, G. A., De Dreu, C. K. W. & Manstead, A. S. R. (2002). The Interpersonal Effects of Anger and Happiness in Negotiations. Faculty of Social and Behavioral Sciences, Department of Psychology, University of Amsterdam, Amsterdam, the, Netherlands.

Wasserman, S. & Faust, K. (1994). *Social Network Analysis: Methods and Applications.* Cambridge University Press.

Wasserman, S. & Galaskiewicz, J. (1994). *Advances in Social Network Analysis.* Sage Publications.

Wegner, B. (1991). Job mobility and social ties: Social resources, prior jobs, and status attainment. *American Sociological Review,* 56: 60-71.

Wellman, B. (1988). Structural analysis: from method and metaphor to theory and substance. In Wellman, B. & Berkowitz, S. D. (eds) Social Structures: A Network Approach. Cambridge: Cambridge University Press, 19-61.

Wilson, J. (1980). Sociology of leisure. *Annual Review of Sociology,* 6: 21-40.

Wu, F., Huberman, B. A. & Adamic, L. A. (2004). Information flow in social groups. *Physica A,* 337: 327-335.

Yu, J. M. (1980). The empirical development of typology for describing leisure behavior on the basis of participation patterns. *Journal of Leisure Research,* 12(4): 309-320.

[저자약력]

송영민(宋 暎 룡)

학 력
중앙대학교 사범대학 영어교육학 학사
TESOL Certificate in University of illinois Urban Champaign
한양대학교 일반대학원 관광학 석사
한양대학교 일반대학원 관광학 박사

경 력
한양대 강사
국제관광학회 이사

주요 논저
「여가촉진모형의 구조분석」(관광레저연구)
「계획행동이론을 통한 생태관광가이드라인의 효과분석」(청소년학연구)
「청소년관광 활성화 방안」(한국관광공사)
「FIT 관광안내체계 개선방안」(한국관광공사)
「주5일 수업제 청소년 여가환경분석 및 대응방안」(서울시교육연구정보원)
「PATA 한국지부 정기총회 평가보고서」(한국관광공사)
외 다수

여가연구의 사회 네트워크적 접근

- 초판 인쇄　2006년 11월 1일
- 초판 발행　2006년 11월 1일

- 지 은 이　송영민
- 펴 낸 이　채종준
- 펴 낸 곳　한국학술정보㈜
　　　　　　경기도 파주시 교하읍 문발리 526-2
　　　　　　파주출판문화정보산업단지
　　　　　　전화　031) 908-3181(대표) · 팩스　031) 908-3189
　　　　　　홈페이지　http://www.kstudy.com
　　　　　　e-mail(출판사업팀사업부)　publish@kstudy.com
- 등　　록　제일산-115호(2000. 6. 19)
- 가　　격　19,000원

ISBN　　89-534-6068-9 93330 (Paper Book)
　　　　　89-534-6069-7 98330 (e-Book)